Editorial

© bildschön

Deutschland gehört unzweifelhaft zu den reichsten Ländern der Welt. Ungeachtet dessen gibt es hier gegenwärtig knapp 2 Millionen Kinder und Jugendliche, die in Armutslagen aufwachsen. Das sind 14,4 % der unter 18-Jährigen, wobei es erhebliche regionale Unterschiede, bspw. zwischen west- und ostdeutschen Bundesländern, ländlichen Regionen und großstädtischen Zentren, gibt. Besonders betroffen sind Alleinerziehende und ihre Kinder sowie Mehrkindfamilien und Familien mit Migrationshintergrund. Armut(sgefährdung) hat in Deutschland also nach wie vor ein junges Gesicht. Für über die Hälfte der armen Kinder ist Armut keine Episode in ihrem Leben, sondern ein Dauerzustand.

Auch wenn der Mangel an Einkommen nur eine Armutsdimension abbildet, dürfen Bedeutung und Auswirkungen von Einkommensarmut auf die Situation von Familien und die Entwicklungsbedingungen von Kindern weder vernachlässigt noch kleingeredet werden. Einkommen ist und bleibt ein zentrales Mittel für Teilhabe und Verwirklichungschancen. Eine zentrale Herausforderung bei der nachhaltigen Bekämpfung von Armut in Deutschland besteht zudem darin, den engen Zusammenhang zwischen sozialer Herkunft und Bildungserfolg junger Menschen aufzubrechen. Dieses Ziel lässt sich nur durch eine inklusive, gerechter gestaltete Bildung in Kombination mit einer (Sozial-)Politik, die den Abbau sozialer Ungleichheit zur obersten Priorität macht, realisieren.

Soziale Ungleichheit nachhaltig abzubauen, ist zuvorderst eine politische Aufgabe, die u.a. die Neuausgestaltung monetärer Leistungen für Kinder und Familien umfasst. Bislang berücksichtigt das staatliche Unterstützungssystem den tatsächlichen Bedarf von Kindern und Jugendlichen nur unzureichend. Die Existenzsicherung muss sich deshalb perspektivisch daran orientieren, was junge Menschen für gutes Aufwachsen und Teilhabe brauchen. Die Lebenssituation ist für viele Kinder und Jugendliche im Grundsicherungsbezug auch deswegen besonders einschneidend, weil ihnen viele typische familienpolitische Leistungen „verwehrt" bleiben. Die Anrechnungslogiken der unterschiedlichen familienbezogenen Leistungen verhindern in aller Regel, dass Familien im Grundsicherungsbezug von diesen profitieren können. Es existiert bislang kein bedarfsgerechter Kinderregelsatz, der nicht nur das physische Überleben sichert, sondern jedem Kind die Teilhabe am gesellschaftlichen Leben ermöglicht. Die Einführung einer bedarfsgerechten Kindergrundsicherung wäre deshalb der wirksamste Beitrag zur Bekämpfung von Kinderarmut.

Prof. Dr. Karin Böllert, Universität Münster
Vorsitzende der Arbeitsgemeinschaft für Kinder- und Jugendhilfe – AGJ

ARCHIV

**für Wissenschaft
und Praxis
der sozialen Arbeit**

Vierteljahresheft zur Förderung von Sozial-, Jugend- und Gesundheitshilfe

Berlin • 50. Jahrgang • Nr. 3/2019

Begründet von
Prof. Dr. Hans Achinger

Herausgegeben von
Prof. Dr. Peter Buttner

im Auftrag des Deutschen Vereins für öffentliche und private Fürsorge e.V.
Michaelkirchstraße 17/18
10179 Berlin
www.deutscher-verein.de

ISSN 0340 - 3564
ISBN 978-3-7841-3133-7

Redaktion: Dr. Sabine Schmitt
Tel. (030) 6 29 80-319
Fax (030) 6 29 80-351
E-Mail: s.schmitt@deutscher-verein.de

Das Archiv für Wissenschaft und Praxis der sozialen Arbeit erscheint vierteljährlich. Der Bezugspreis beträgt 42,70 € (für Mitglieder des Deutschen Vereins 25,90 €) jährlich; Einzelheft 14,50 € (für Mitglieder 10,70 €) inkl. MwSt. zzgl. Versandkosten. Anmeldungen zur Mitgliedschaft nimmt die Geschäftsstelle des Deutschen Vereins entgegen.

Die Auslieferung erfolgt über den Lambertus-Verlag GmbH
Postfach 1026, 79010 Freiburg,
Tel. 0761-36825-0
info@lambertus.de

Druck:
Stückle Druck und Verlag, Ettenheim

Veröffentlicht mit Förderung durch das Bundesministerium für Familie, Senioren, Frauen und Jugend (BMFSFJ)

V.i.S.d.P.: Michael Löher

Abbildung Titelseite:
Adobe Stock

Inhalt

Gerda Holz

Armutsfolgen für Kinder und Jugendliche

Die Forschung zum Thema kind-/jugendspezifischer Armutsfolgen in allen ihren Ausprägungen hat in den letzten Jahrzehnten grundlegendes Wissen geliefert und damit die Notwendigkeit gesellschaftlichen Handelns offengelegt. Dennoch plädiert dieser Beitrag für eine Neuorientierung der gesellschaftlichen Verantwortung ausgerichtet auf eine kindbezogene Armutsprävention.

Armut bei Kindern als Thema der Forschung

Seit rund 20 Jahren wird in Deutschland das Thema Kinderarmut in der Öffentlichkeit wahrgenommen und diskutiert. Übereinstimmung besteht darüber, dass sie ein ernst zu nehmendes gesellschaftliches Problem, aber zugleich auch eine sehr belastende Lebenslage für das Individuum ist. Kinderarmut oder, präziser definiert, die Folgen familiärer Einkommensarmut bei jungen Menschen ist in einem Zusammenhang von strukturellen Ursachen, sozialer Risikoverteilung und individueller Lebensbewältigung zu betrachten.

Der heutige Erkenntnisstand wird durch verschiedene wissenschaftliche Fachdisziplinen gespeist. So liegt der Fokus der soziologischen Forschungsansätze darauf, die äußeren Lebensbedingungen der jungen Menschen zu erklären. Die seit 1997 realisierte AWO-ISS-Studie zu Lebenslagen und Zukunftschancen von (armen) Kindern gilt als wegbereitend für die kindzentrierte Armutsforschung. Sie ist zudem die bisher einzige Langzeitstudie im deutschsprachigen Raum zu Armut ab der frühen Kindheit (vgl. zuletzt Holz u.a. 2012). Im Kontext der Wohlfahrtsstaatsforschung geht es um die Klärung der Ursachen sowie der wohlfahrtsstaatlichen Konstituierungen und Regulierungen armer Kindheiten (vgl. u.a. Klundt 2008; Butterwegge 2010). Der Fokus psychologischer und gesundheitswissenschaftlicher Studien ist auf personenbezogene Aspekte gerichtet. Hier geht es vor allem um das kindliche Wohlergehen. Konzepte wie die Salutogenese, die Resilienz und die Selbstwirksamkeit stellen das Selbstkonzept, das Selbstwertgefühl sowie die individuellen Kompetenzen und Fähigkeiten der jungen Menschen in den Fokus (vgl. u.a. Chassé u.a. 2003; Zander 2011).

Durch die internationale Forschung über „Well-being and the good life for children" und über die Diskussionen der UN Kinderrechte befördert etablierte sich innerhalb der Kindheitsforschung das Konzept des Child Well-being, das auf den Ansatz des Capability Approach zurückgeht. Das Konzept eröffnet die Möglichkeit, Perspektiven der Betroffenen, ihre Bedeutungen und Relevanzsetzungen einzubinden und durch eine größere Methodenvielfalt auch jüngere Altersgruppen als bis dato in den Blick zu nehmen (vgl. u.a. Bertram 2013; LBS-Kinderbarometer, zuletzt 2016; World Vision, zuletzt 2018; Andresen u.a. 2019).

Schlussendlich liefert der Diskurs um die quantitative Messung von Kinderarmut sowohl auf nationaler Ebene als auch international ländervergleichend, ergänzt durch immer differenziertere Analyse vorhandener quantitativer Datenbestände und bundesweiter Statistiken, weitere Einsichten zur Problematik (vgl. u.a. Lietzmann u.a. 2011, Tophoeven u.a. 2015; Grabka/Goebel 2018; Tophoven u.a. 2018).

Einen Gesamtüberblick zum empirischen Forschungsstand in Deutschland sowie den verfügbaren Forschungsansätzen und -konzepten gibt die Metastudie von Laubstein u.a. (2016), die zum Zeitpunkt ihres Entstehens auf rund 60 empirische Studien zurückgreifen konnte.

Gerda Holz,
Sozialarbeiterin und Politikwissenschaftlerin, ist am Institut für Sozialarbeit und Sozialpädagogik e.V. Frankfurt a.M. tätig. E-Mail: gerda.holz@iss-ffm.de

Was ist mit Kinderarmut gemeint?[1]

Armut von Kindern und Jugendlichen wird im Alltag oftmals mit ganz verschiedenen Begriffen belegt: Bildungsarmut, emotionale, seelische, gesundheitliche Armut usw. Diese Herangehensweise mag zunächst in den verschiedenen Handlungsfeldern – Bildung, Gesundheit usw. – zu wachsender Aufmerksamkeit und unter den dort verantwortlichen Akteuren – Kitas, Schulen, Gesundheits- oder Jugendbehörden, Ressorts usw. – zum dringend notwendigen Diskurs führen. Sie beinhaltet jedoch eine begriffliche Unschärfe: Eine große Gefahr besteht nämlich in der Umkehrung des Zusammenhangs von Ursachen und Wirkungen, sodass aus „Armut und Bildungsfolgen" rasch „Bildungsarmut" oder aus „Armut und gesundheitliche Folgen" rasch „Gesundheitsarmut" wird. Je nach Verständnisweise kommt es dann zu vollkommen anderen Rückschlüssen zum Problem und zu Ansatzpunkten der Armutsvermeidung (für Klärungen vgl. u.a. Quenzel/Hurrelmann 2019; Kohlrausch 2019).

Die AWO-ISS-Studie arbeitete einen kindgerecht(er)en Armutsbegriff heraus und zeigte die kindspezifische Ausformung auf. Danach gilt:

(1) Die Definition muss vom Kind ausgehen (kindzentrierte Sichtweise). Zu berücksichtigen sind die Lebenssituation der untersuchten Altersgruppe, die jeweils anstehenden Entwicklungen und die subjektive Wahrnehmung der Kinder.

1 Der Terminus Kinderarmut bezieht sich hier auf Minderjährige, also Kinder und Jugendliche bis 18 Jahre. Gleichwohl sind immer die altersspezifischen Differenzierungen einzubeziehen.

(2) Gleichzeitig ist der familiäre Zusammenhang, die Gesamtsituation des Haushaltes, zu berücksichtigen. Die kindliche Lebenssituation ist in vielen Bereichen von der Lebenslage der Eltern direkt abhängig.

(3) Eine Armutsdefinition für Kinder und Jugendliche ist mehrdimensional. Eine rein auf das (Familien-)Einkommen bezogene Armutsdefinition geht an der Lebenswelt der Kinder vorbei. Die einbezogenen Dimensionen müssen geeignet sein, etwas über die Entwicklung und Teilhabechancen der betroffenen Kinder auszusagen.

(4) Gleichfalls darf Armut von Kindern nicht als Sammelbegriff für deren benachteiligende Lebenslagen verwendet werden. Nur wenn eine materielle Mangellage der Familie – nach definierter Armutsgrenze – vorliegt, sollte von Armut gesprochen werden (vgl. zuletzt: Laubstein u.a. 2012).

Arme Kinder oder Jugendliche leben in einem armen Haushalt. Der gesamte Haushalt ist einkommensarm bzw. bezieht Transferleistungen. In einem Armutshaushalt leben Erwachsene und Kinder. Die Erwachsenen (i.d.R. die Eltern) entscheiden einerseits über den Einsatz der knappen materiellen Ressourcen für sich und ihre Kinder. Sie bringen andererseits ihre eigenen kulturellen, sozialen und materiellen Ressourcen ein. Damit sind unter anderem ihre Versorgungs- und Betreuungsleistung, ihr Vorbildsein, ihre Bildung und ihr Wissen, ihre Erziehung usw. gemeint, eben all das, was sie an ihr Kind weitergeben können und wollen. Entscheidend für die Bestimmung der Lebenslage eines jungen Menschen ist also die Frage: Was kommt beim Kind bzw. Jugendlichen an (vgl. Abb. 1)? Anders formuliert: Welche Bedingungen des Aufwachsens erlebt der junge Mensch und welches Risiko ergibt sich daraus für die kindliche Entwicklung?

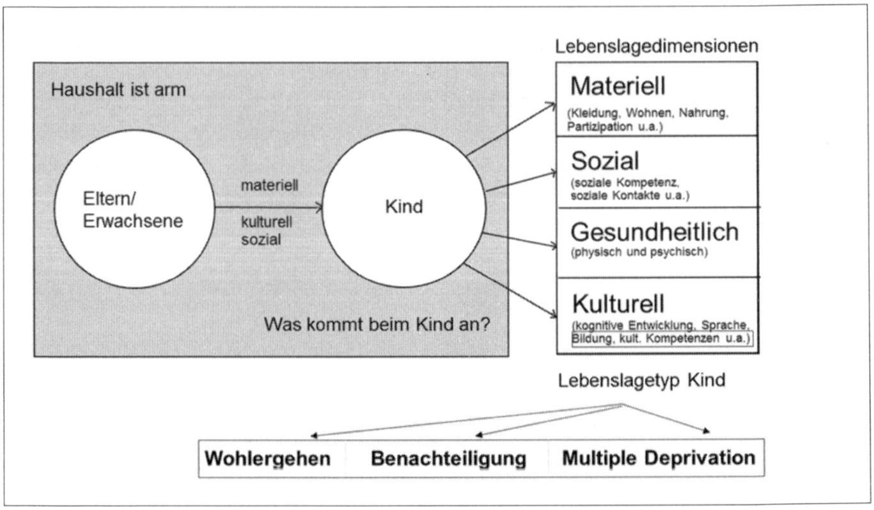

Abb. 1: Wie wird das Kinder-/Jugendgesicht der Armut sichtbar?
Quelle: Hock u.a. 2000 nach Laubstein u.a. 2012.

Um das „Kinder-/Jugendgesicht der Armut" sichtbar werden zu lassen, ist im nächsten Schritt die Lebenslage in den vier zentralen Dimensionen „materiell, sozial, gesundheitlich, kulturell" anhand empirisch erfassbarer Versorgungsgegebenheiten zu bestimmen. Leitend sind Fragen wie: Ist der junge Mensch hinsichtlich seiner materiellen Lage hinreichend gut versorgt (dazu zählen Kleidung, Wohnen, Essen, materielle Partizipation)? Wie ist er hinsichtlich seiner sozialen Lage ausgestattet (dazu zählen die soziale Kompetenz, soziale Kontakte)? Die einzelnen Dimensionen wiederum werden zu komplexen Lebenslagetypen zusammengefasst. Für eine kindbezogene Typisierung bieten sich die Termini der Kinder- und Jugendhilfe an: „Aufwachsen im Wohlergehen" – d.h., das Kind wächst im Wohlergehen auf, wenn in keinem der vier Lebenslagedimensionen Mangel erkennbar ist –, „Benachteiligung" (bei Auffälligkeiten in maximal zwei Dimensionen) und „Multiple Deprivation" (bei Defiziten in drei bzw. allen vier Dimensionen).

Welche Folgen hat Armut für Kinder und Jugendliche?

Die Forschung belegt in vielfältiger Weise die Auswirkungen. Sie zeigen sich in allen Dimensionen der kindlichen Lebenssituation – materiell, sozial, kulturell, gesundheitlich – sowie in ganz verschiedenen Ausprägungen.

Kinder und Jugendliche erleben mehr materiellen Mangel und Verzicht.

Die Einkommenssituation von Familien bestimmt zuvorderst ihre finanzielle und damit materielle Grundversorgung und macht sich bei allen Familienmitgliedern bemerkbar. Die AWO-ISS-Langzeitstudie verdeutlicht, dass sich fehlende Finanzmittel am stärksten auf die materielle Situation der jungen Menschen auswirken. Allgemein ist belegt: Armut ist vielfach verbunden mit einer schlechteren Wohnsituation, die negative Folgen für das Familienklima und die Persönlichkeitsentwicklung der Minderjährigen hat – sie haben weniger Rückzugsmöglichkeiten. Die Grundversorgung im Bereich Ernährung ist eingeschränkt, was insbesondere die Qualität der Ernährung betrifft. Armutsbetroffene junge Menschen erhalten unregelmäßiger Taschengeld und die Familienzeit ist finanziell begrenzter: Urlaube und Ausflüge sind sehr seltene Familienereignisse, gemeinsame Erholungszeiten sind dadurch eingeschränkt.

Arme Kinder und Jugendliche wachsen sozial isolierter auf.

Soziale Beziehungen sind eine wichtige Ressource, um zum einen am sozialen Leben teilzuhaben und zum anderen Bewältigungsstrategien zu entwickeln. Empirisch belegt ist Folgendes:

- Die Angst vor sozialer Stigmatisierung und sozialer Ausgrenzung ist eine allgemeine Erfahrung armutsbetroffener junger Menschen.

- Die meisten verfügen über Freundschaften. Es existiert jedoch eine Heranwachsendengruppe, die sozial eher isoliert sind. Das trifft in der Regel auch auf deren Eltern zu.

- Je älter die jungen Menschen werden, desto wichtiger ist die Bewältigung anstehender Entwicklungsaufgaben in der Peergroup. Das finanzielle „Mithalten können" und der soziale Status bestimmen die Zugehörigkeit zu den unterschiedlichen Peers.

- Armut wirkt sich auf die Ablösung von den Eltern als Entwicklungsaufgabe im Jugendalter aus. Arme Jugendliche verbringen demnach mehr Zeit mit ihren Familien als nicht arme Jugendliche.

- Viele Kinder sind nach Angaben ihrer Eltern emotional betroffen, da sie die alltäglichen (finanziellen) Sorgen ihrer Eltern wahrnehmen.

Arme Kinder und Jugendliche haben schlechtere Bildungschancen und eher gebrochene Schulverläufe.

Im Vergleich zu nicht Armen ist die Bildungsbiografie deutlich belasteter. Einige Befunde dazu: Für Armutsbetroffene besteht von früher Kindheit an ein hohes Risiko für ihren Bildungsverlauf. Sie werden früher oder verspätet eingeschult, bleiben häufiger sitzen, wechseln vermehrt in die niedrigeren oder mittleren Bildungsstufen des Sekundarbereichs, erreichen weniger qualifizierte Schulabschlüsse und wechseln nach Schulende vermehrt in das Berufsübergangssystem, was wiederum die spätere Erwerbs- und damit die Einkommensposition bestimmt.

Familien in prekären Lebenslagen werden seitens der Lehrkräfte in der Schule oft defizitorientiert betrachtet. Die an sie gestellten schulischen Anforderungen werden als schwierig empfunden, was Folgen für den Familienalltag hat. Die großen Schulleistungsstudien TIMSS, IGLU, PISA und der IQB-Ländervergleich zeigen, dass Kinder mit niedrigem sozialen Status im Vergleich zu denen mit einem höheren in den naturwissenschaftlichen Fächern oder auch in den Lesekompetenzen einen Leistungsunterschied von bis zu einem Lernjahr aufweisen. Die Schulkarriere Armutsbetroffener insgesamt ist durch ein erhöhtes Risiko von Klassenwiederholungen und/oder Schulformwechsel geprägt. Dies kumuliert in einem Schulverlauf in der Sekundarstufe I mit mehr Abstiegen als Aufstiegen (vgl. die bildliche Darstellung in BMAS 2017, 237).

Kinder und Jugendliche in Armut sind in ihrer Gesundheit gefährdeter.

Die gesundheitliche Situation umfasst einerseits die psychische und physische Gesundheit, andererseits aber auch gesundheitsrelevante Verhaltensweisen. Beides hat Einfluss auf das Aufwachsen (vgl. u.a. Klocke/Lampert 2005; zuletzt KIGGS Welle 2 2018). Einige zentrale empirische Erkenntnisse sind folgende:

- Gesundheitliche Einschränkungen lassen sich bisher nicht eindeutig finanzieller Armut zuordnen, sondern stehen möglicherweise in Wechselwirkung mit dem Bildungshintergrund und weiteren Faktoren.

- Armutsbetroffene Kinder weisen bereits im Kita-Alter vermehrt Probleme in der Körperkoordination oder Visuomotorik sowie den sprachlichen und Hörmerkfähigkeiten auf.

- In der späteren Kindheit und Jugend finden sich häufiger altersspezifische Symptomatiken wie Kopf- und Bauchschmerzen, Schlafstörungen, Unkonzentriertheiten, Nervosität.

- Besonders in gesundheitsrelevanten Verhaltensweisen und bei gesundheitlichen Risikofaktoren scheint Armut einen negativen Einfluss auszuüben, der sich erst in der weiteren Entwicklung auf den Gesundheitszustand auswirken kann. Armutsbezogene Folgen zeigen sich beispielsweise bei der sportlichen Betätigung.

Armut ist ein kumulierendes Risiko für die kindliche Entwicklung und die Zukunftschancen.

Die kind-/jugendspezifischen Folgen können sowohl in einzelnen als auch in allen zuvor genannten Lebenslagebereichen entstehen, und das ab frühester Kindheit. Gleichwohl können junge Menschen trotz Armut im Wohlergehen und nicht arme Minderjährige multipel depriviert aufwachsen: Die AWO-ISS-Studie weist aus, das 24 % der armen und rund 46 % der nicht armen Kinder im Vorschulalter dem Lebenslagetyp Wohlergehen zuzuordnen waren. Am Ende der Sekundarstufe I waren es noch 19 % (arm) zu 39 % (nicht arm). Insgesamt erleben beide Gruppen einen vollkommen unterschiedlichen und immer weiter auseinandergehenden Entwicklungsverlauf, wobei für Erstere der Fahrstuhl eher nach unten und für Letztere eher nach oben geht. Wie Abbildung 2 skizziert, waren die 1999 armutsbetroffenen 6-Jährigen (linke Säule, 23 % vs. 77 %) zehn Jahre später fast dreimal so oft multipel depriviert wie die nicht armen (rechte Säulen, 30 % vs. 12 %).

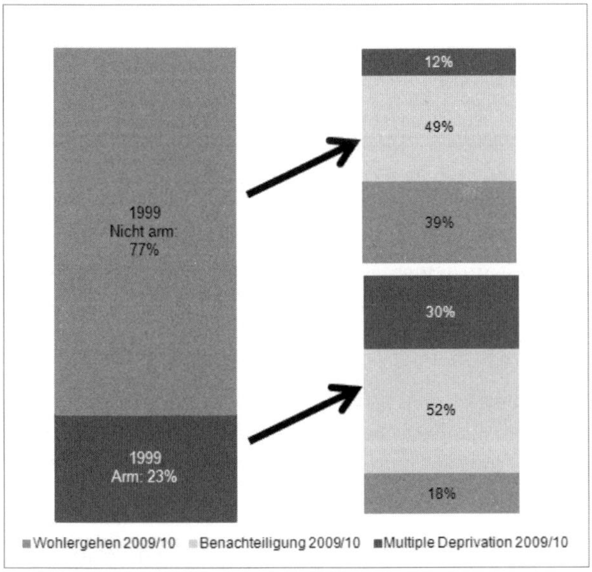

Abb. 2: Armutsbetroffenheit als 6-Jährige und Lebenslagetyp als 16-/17-Jährige (1999 und 2009/10)

n = 404 (nur Befragte mit gültigen Antworten 1999 und 2009/10).

Quelle: AWO-ISS-Kinderarmutspanel 2009/10, eigene Berechnung, entnommen Laubstein u.a. 2012, 205.

Bewältigungsstrategien armutsbetroffener Kinder und Jugendlicher

„Je länger ein junger Mensch mit Armut aufwächst, desto geringer ist die Chance für ein Wohlergehen und desto größer sind die Risiken der multiplen Deprivation" (Holz u.a. 2012, III). Gleichwohl ist das keine zwangsläufige Folge. Es findet sich in den vorliegenden Studien kein allgemeingültiger Automatismus, der da lautet: „einmal arm – immer arm" und „einmal multipel depriviert – immer multipel depriviert", aber die Risiken und Chancen sind eindeutig verteilt. Hier knüpft die Präventions- und Resilienzforschung an, die durch die Herausarbeitung von Schutzfaktoren viele Ansatzpunkte zur Verhinderung von Armutsfolgen liefert (vgl. u.a. Zander 2011; Andresen/Galic 2015; Walper 2018). Es sind individuelle, familiäre und außerfamiliäre Faktoren, die auf die Stärkung persönlicher Kompetenzen und das Eingebundensein in ein breites und zuverlässiges Netz abzielen. Eine herausragende Rolle spielen Eltern/Familie, aber auch außerfamiliäre Bezugspersonen sind von Bedeutung.

Ein Ansatz, der das Zusammenspiel der verschiedenen Einflussfaktoren beschreibt, ist die sogenannte Deprivationsspirale. Dieses Modell geht davon aus, das Armut nicht in jedem Fall zu schlechteren Lebensbedingungen führt, sondern im Verlauf des Aufwachsens zu unterschiedlichen Zeitpunkten die Entwicklung negativ beeinflussen kann, wenn die jungen Menschen nicht über ausreichend Resilienz und Copingstrategien verfügen (vgl. Schütte 2013; Hilke u.a. 2017). Familien aus unteren sozialen Schichten verfügen über weniger materielles, soziales und kulturelles Kapital im Bourdieuschen Sinne, wodurch die jungen Menschen schlechtere Chancen der Selbstwirksamkeit haben. Dies beeinflusst unter anderem die Selbstwahrnehmung, fördert ein vermehrtes Stressempfinden und steigert ein Ohnmachtsgefühl, an der eigenen Situation nichts ändern zu können. Letzteres kann wiederum dazu führen, mögliche Unterstützungsangebote nicht (mehr) wahrzunehmen, obwohl sie im Lebensumfeld vorhanden sein können. Schütte entwickelt daraus einen Verlauf in Form einer Abwärtsspirale, in der familiäre Armut und/oder soziale Benachteiligung zu multiplen Deprivationen in Kindheit und Jugend führen, womit sich die Gefahr einer sozialen Vererbung von Armut über Generationen vergrößert (vgl. die Abbildung bei Hilke u.a. 2017, 212).

Umgang der Eltern mit prekären Lebenssituationen

Im Zusammenhang mit dem Bewältigungshandeln armer junger Menschen steht das Agieren der ebenso betroffenen Eltern. Darüber geben zwar zunehmend mehr, aber insgesamt noch sehr wenige Betroffenenbefragungen Auskunft. Das häufig geäußerte öffentliche Misstrauen – weil eher an persönlichen, situationsbezogenen Eindrücken von Einzelfällen festgemacht – und ein daraus abgeleitetes Urteil gegenüber armen Familien finden in den Untersuchungen keine Bestätigung. Vielmehr zeigen zentrale Ergebnisse (vgl. u.a. DW 2011; Laubstein 2014; Tophoven u.a. 2015; Andresen/Galic 2015; Bertelsmann Stiftung 2018):

- Armutsbetroffene Eltern sind nicht selten erwerbstätig, und doch reicht das selbst erwirtschaftete Einkommen nicht aus. Die Frage der Vereinbarung von Beruf und Familie ist genauso zu bewältigen wie für nicht arme Familien, nur kommen die finanziellen Sorgen noch dazu.

- Eltern setzen Einkommen und staatliche Finanzhilfen für ihre Kinder ein. Sie verwenden sie für größeren Wohnraum, außerhäusige Kinderbetreuung oder auch zur Bezahlung kindspezifischer Angebote (Sport, Musik).

- Die Mütter und Väter handeln aktiv und haben unterschiedlichste Bewältigungsmuster mit kurz-, mittel- und langfristigen Strategien zur Verbesserung der Lage. Wenn das Geld nicht mehr reicht, wird zuerst am allgemeinen Familienkonsum, dann am persönlichen Bedarf und erst zuletzt am Bedarf der Kinder gespart.

- Eltern in prekären Lebenslagen messen der Betreuung und (Aus-)Bildung ihrer Kinder die gleiche Bedeutung zu wie Eltern mit höherem Einkommen. Notgedrungen ist die einsetzbare absolute Summe niedriger, dagegen ist der relative Anteil an den familiären Gesamtausgaben höher.

- Armutsbetroffene Eltern wünschen sich ganz besonders (a) weniger Bürokratie, um die benötigten Finanzmittel zu erhalten, sowie (b) mehr Hilfe beim Umgang mit Ämtern und Behörden. Im Anhörungsverfahren zum Starke-Familien-Gesetz im Frühjahr 2019 stellte die evangelische arbeitsgemeinschaft familie (eaf) in ihrer Stellungnahme dar, dass ein kinderzuschlagsberechtigtes Paar mit Kindern im Kita- und Schulalter über ein Jahr verteilt bis zu zwölf Einzelanträge stellen muss, um die möglichen staatlichen Finanzhilfen nutzen zu können (vgl. eaf 2019, 3).

Zugang zu und Nutzung von Förder- und Unterstützungsleistungen

Spätestens mit dem Elften Kinder- und Jugendbericht der Bundesregierung 2002, der sich mit dem Aufwachsen in privater und öffentlicher Verantwortung befasst, ist das Verständnis von öffentlicher Verantwortung – getragen durch Gesellschaft und Staat – neu formuliert worden: „Staat und Gesellschaft müssen die Lebensbedingungen von Kindern und Jugendlichen so gestalten, dass die Eltern und die jungen Menschen für sich selbst und für einander Verantwortung tragen können" (BMFSFJ 2002, 42). Dabei sollen vor allem die Einrichtungen der Kinder- und Jugendhilfe – zusammen mit anderen Institutionen – diese Verpflichtung erfüllen. Sie alle gehören als Bestandteil der allgemeinen sozialen Infrastruktur zur Grundversorgung in der Bundesrepublik Deutschland.

Für die Gruppe armutsbetroffener Minderjähriger stellen sich besondere Anforderungen an diese öffentliche Verantwortung. Diese Gruppe – rund jede/r siebte Minderjährige – ist aufgrund der gegebenen sozialen Ungleichheiten verstärkt auf die Bereitstellung außerfamiliärer Ressourcen angewiesen. Geringe finanzielle Mittel der Familie gehen mit einer Unterversorgung an universellen Gütern und Dienstleistungen einher. Umso mehr ist ein uneingeschränkter – ihnen gesellschaftlich zu eröffnender – Zugang zu alterstypischen Angeboten in allen Lebensbereichen wichtig.

Gleichwohl belegt eine in den letzten Jahren sich ausweitende Versorgungs- und Nutzungsforschung ein anderes Strukturbild: Weiterhin finden bestimmte soziale Gruppen weniger gut einen Zugang, und die Inanspruchnahme ist meist sozial segregiert (vgl. Richter 2000; Bauer/Bittingmayer 2005; BMFSFJ 2010; Laubstein u.a. 2012; Laubstein 2014; Andresen/Galic 2015; Groos/Jehles 2015; NFZH 2015; Tophoven u.a. 2015; Jessen u.a. 2018; Salzmann u.a. 2018; Autorengruppe Kinder- und Jugendhilfestatistik 2019). Solche nach Einkommen differenzierenden Analysen helfen ungemein, um eine faktengeleitete Wissens- und Meinungsbildung in Politik und Praxis zu stärken. Außerdem sind sie die Basis für Ansätze einer strukturellen Armutsprävention und für armutssensibles Handeln aller relevanten Akteure. Nachfolgend sind einige zentrale Erkenntnisse zusammengefasst:

- Armutsbetroffene Minderjährige haben deutlich weniger Zugänge zu nonformalen Bildungsangeboten wie PEKIP oder Eltern-Kind-Gruppen. Sie besuchen weniger frühkindliche Angebote wie Krabbel- und Spielgruppen, nehmen erst später das Angebot einer Kindertageseinrichtung wahr und besuchen in der Schule seltener außerunterrichtliche Arbeitsgruppen und Schulprojekte. Auch im Freizeitbereich sind sie seltener Mitglied von Vereinen, Bibliotheken oder Musikschulen.

- Schon im Jahre 2000 zeigte Richter in einer qualitativen Befragung armer und nicht armer Grundschüler/innen im ländlichen Raum, dass die Erfahrungswelt der armutsbetroffenen Gruppe wesentlich begrenzter, ja beschränkter war als die der nicht armen. Die Gründe dafür waren anfallende Kosten, Scham und/oder soziale Ausgrenzungserfahrungen.

- Die 2009 umgesetzte repräsentative Studie „Aufwachsen in Deutschland: Alltagswelten" (AID:A) ergab schon für die Zweijährigen: Nur 8 % der armen Familien (d.h. im SGB-II-Bezug), aber 36 % der Familien mit einem überdurchschnittlichen Einkommen (d.h. von 100 % bis 130 % des Medians aller Haushaltseinkommen) haben einen Babyschwimmkurs besucht. Die Analysen im Kontext des Aufbaus der Frühen Hilfen bestätigen das Muster: Zugang und Nutzung sind bereits rund um die Geburt eines Kindes vom Familieneinkommen bestimmt (vgl. BMFSJ 2010, 14).

- Am Beispiel der Sozial- und Strukturdaten 2012/2013 der Stadt Mühlheim an der Ruhr arbeiteten Groos/Jehles den sozial segregierten wie segregierenden Zugang zum Kita-Angebot, sowohl auf Quartiers- als auch institutioneller Kita-Ebene, heraus: Armutsbetroffene Kinder gehen meist in sozial höher belastete Kitas in sozial belasteten Quartieren. Wachsen sie in sozial gemischten Stadtteilen auf, ist auch dann die Wahrscheinlichkeit größer, dort in eher hoch belastete Kitas zu gehen.

- Vergleichbare Belege liefert die Bildungsberichterstattung (vgl. zuletzt Autorengruppe Bildungsberichterstattung 2018), allgemein bekannt als der enge Zusammenhang von Bildungserfolg und sozialer Herkunft.

- Anhand der Kinder- und Jugendhilfestatistiken werden in neuerer Zeit die Lebenslagen der Adressat/innen von Hilfen zur Erziehung (SGB VIII §§ 27 ff.) explizit unter dem Blick der Transferleistungen – d.h. Arbeitslosengeld II, Sozialgeld für Kinder, Grundsicherung im Alter und bei Erwerbsminderung sowie Kinderzuschlag – analysiert. So war jede zweite Familie, für die 2016 eine erzieherische Hilfe neu gewährt wurde, auf Transferleistungen angewiesen (50,9 %, ohne Erziehungsberatung gemäß § 28 SGB VIII). Differenziert nach den einzelnen Hilfearten schwankt der Anteil erheblich. So lebten 18 % der Familien, die eine Erziehungsberatung erhalten haben, 39,5 %, deren Kinder sich in Heimerziehung befanden, und 63,6 % der Familien, die Unterstützung durch die Sozialpädagogische Familienhilfe bekamen, in prekärer Finanzlage (vgl. Fendrich u.a. 2018, 21). Der Anteil bei Ein-Eltern-Familien ist nochmals größer. Mag dies grundsätzlich ein positiver Befund sein, wird doch zugleich ein anderes Strukturmuster erkennbar: Je höher der Präventionscharakter einer Hilfeart – z.B. Erziehungsberatung – ist, desto geringer ist der Anteil an Familien in prekärer Lage. Je stärker ein reaktiver Interventionscharakter vorliegt, desto häufiger ist auch Armut als familiäre Lebenslage gegeben.

Resümee und Neuorientierung

Familiäre Armut birgt für Heranwachsende erhebliche Risiken und führt – je länger sie diesen ausgesetzt sind – zu Mängeln in ihrer Lebenslage und ihren Zukunftschancen. Umfang und Formen wurden beispielhaft dargelegt. Gleichzeitig liegen heute Erkenntnisse und Praxisbeispiele vor, wie dem entgegenzuwirken ist. Teil einer öffentlichen Verantwortung ist eine dezidierte strukturelle Armutsprävention. Diese baut auf einer gesicherten finanziellen Absicherung und auf umfassender Infrastruktur auf. Beides muss in der Lebenswelt der jungen Menschen – also Familie, Einrichtungen und Sozialraum innerhalb einer Kommune – wirken. In beiden Feldern haben Kommune, Land und Bund – mit ihren jeweils eigenen Pflichten – die erforderlichen Rahmenbedingungen zu schaffen.

Ungleiches ungleich zu behandeln eröffnet Teilhabe und Chancen, für die Einzelnen und unsere Gesellschaft. Auch müssen und können Kinder ihre defizitäre Lebenslage nicht selbst lösen, sondern hier stehen Erwachsene in allen gesellschaftlichen Bereichen und Positionen in der Verantwortung. Ein solches Verständnis, das jungen Menschen positive Bedingungen zum Aufwachsen schafft, ist die Basis für eine kindbezogene Armutsprävention.

Literatur

Andresen, S./Galic, D. (2015): Kinder. Armut. Familie. Alltagsbewältigung und Wege zu wirksamer Unterstützung, Gütersloh.

Andresen, S./Willmes, J./Möller, R. (2019): Children's Worlds+. Eine Studie zu den Bedarfen von Kindern und Jugendlichen, Gütersloh.

Autorengruppe Bildungsberichterstattung (2018): Bildung in Deutschland 2018, Gütersloh.

Autorengruppe Kinder- und Jugendhilfestatistik (2019): Kinder- und Jugendhilfereport 2018, Opladen.

Bauer, U./Bittlingmayer, U. H. (2005): Wer profitiert von Elternbildung?, in: Zeitschrift für Soziologie der Erziehung und Sozialisation 23(3), S. 263–280.

Bertelsmann Stiftung (Hrsg.) (2018): Kommt das Geld bei den Kindern an?, Gütersloh.

Bertram, H. (Hrsg.) (2013): Reiche, kluge, glückliche Kinder? Der UNICEF-Bericht zur Lage der Kinder in Deutschland, Weinheim/Basel.

BMAS – Bundesministerium für Arbeit und Sozialordnung (2017): Lebenslagen in Deutschland. Der Fünfte Armuts- und Reichtumsbericht der Bundesregierung, Berlin.

BMFSFJ – Bundesministerium für Familie, Senioren, Frauen und Jugend (Hrsg.) (2002): Bericht über die Lebenssituation junger Menschen und die Leistungen der Kinder- und Jugendhilfe in Deutschland. Elfter Kinder- und Jugendbericht, Berlin.

BMFSFJ – Bundesministerium für Familie, Senioren, Frauen und Jugend (Hrsg.) (2010): Eltern wollen Chancen für ihre Kinder, Berlin.

Butterwegge, C. (2010): Kinderarmut und Bildung, in: Quenzel, G./Hurrelmann, K. (Hrsg.): Bildungsverlierer. Neue Ungleichheiten, Wiesbaden, S. 537–555.

Chassé, K. A./Zander, M./Rasch, K. (2003): Meine Familie ist arm: Wie Kinder im Grundschulalter Armut erleben und bewältigen, Opladen.

DW – Diakonisches Werk der Ev.-luth. Landeskirche in Braunschweig e.V. in Zusammenarbeit mit der Stiftung Braunschweigischer Kulturbesitz (Hrsg.) (2011): Wirksame Wege für Familien mit geringem Einkommen im Braunschweiger Land gestalten, Braunschweig, http://www.diakonie-braunschweig.de/opencms/export/sites/DiakonischesWerk/_system/Organisation/DW-Ge-schaeftsstelle/Dateien/2011-04-19_Wirksame_Wege_-_Broschxre.pdf (27. April 2019).

eaf – evangelische arbeitsgemeinschaft familie (2019): Stellungnahme „Entwurf eines Gesetzes zur zielgenauen Stärkung von Familien und ihren Kindern durch die Neugestaltung des Kinderzuschlags und die Verbesserung der Leistungen für Bildung und Teilhabe (Starke-Familien-Gesetz)" vom 5. März 2019, Berlin.

Fendrich, S./Pothmann, J./Tabel, A. (2018): Monitor Hilfen zur Erziehung 2018, Dortmund.

Grabka, M./Goebel, J. (2018): Einkommensverteilung in Deutschland: Realeinkommen sind seit 1991 gestiegen, aber mehr Menschen beziehen Niedrigeinkommen, in: DIW-Wochenbericht 21/2018, Berlin, S. 450–462.

Groos, T./Jehles, N. (2015): Der Einfluss von Armut auf die Entwicklung von Kindern. Ergebnisse der Schuleingangsuntersuchung, Gütersloh.

Hilke, M./Schütte, J./Stolz, H.-J. (2017): Kommunale Angebotslandschaften für Kinder und Jugendliche wissensbasiert weiterentwickeln, in: Institut für Soziale Arbeit (Hrsg.): ISA-Jahrbuch zur Sozialen Arbeit. Das Kind im Mittelpunkt, Münster, S. 208–221.

Holz, G./Laubstein, C./Sthamer, E. (2012): Lebenslagen und Zukunftschancen von (armen) Kindern und Jugendlichen in Deutschland. 15 Jahre AWO ISS Studie, Frankfurt a.M., http://www.iss-ffm.de/m_106 (27. April 2019).

Jessen, J./Schmitz, S./Spieß, K. C./Waights, S. (2018): Kita-Besuch hängt trotz ausgeweitetem Rechtsanspruch noch immer vom Familienhintergrund ab, in: DIW-Wochenbericht 38/2018, S. 826–835.

KiGGS Welle 2 (2018): Eine Studie zur Gesundheit von Kindern und Jugendlichen: Ergebnisse im Journal of Health Monitoring als Downloads, https://www.kiggs-studie.de/ergebnisse/kiggs-welle-2/johm.html (27. April 2019).

Klocke, A./Lampert, T. (2005): Armut bei Kindern und Jugendlichen. Gesundheitsberichterstattung des Bundes. Heft 4. Überarb. Neuaufl., Berlin.

Klundt, M. (2008): Von der sozialen zur Generationengerechtigkeit? Polarisierte Lebenslagen und ihre Deutung in Wissenschaft, Politik und Medien, Wiesbaden.

Kohlrausch, B. (2019): Armut und Bildung, in: Böhnke, P./Dittmann, J./Goebel, J. (Hrsg.): Handbuch Armut, Opladen, S. 177–188.

Laubstein, C. (2014): Expertise zu „Lebenslagen und Potentiale armer Familien in Berlin", Frankfurt a.M.

Laubstein, C./Holz, G./Sthamer, E./Dittmann, J. (2012): Von alleine wächst sich nichts aus. Lebenslagen von (armen) Kindern und Jugendlichen und gesellschaftliches Handeln bis zum Ende der Sekundarstufe I. Abschlussbericht der 4. Phase der Langzeitstudie im Auftrag des Bundesverbandes der Arbeiterwohlfahrt, Frankfurt a.M.

Laubstein, C./Holz, G./Seddig, N. (2016): Armutsfolgen für Kinder und Jugendliche. Erkenntnisse aus empirischen Studien in Deutschland, Gütersloh.

Lietzmann, T./Tophoven, S./Wenzig, C. (2011): Grundsicherung und Einkommensarmut: Bedürftige Kinder und ihre Lebensumstände. IAB-Kurzbericht 06/2011, Nürnberg.

LSB-Kinderbarometer Deutschland (2016): Stimmungen, Meinungen, Trends von Kindern aus 7 Bundesländern, Münster.

NZFH – Nationales Zentrum Frühe Hilfen (NZFH), Forschungsverbund Deutsches Jugendinstitut (DJI) und TU Dortmund (Hrsg.) (2015): Datenreport Frühe Hilfen Ausgabe 2015, München.

Quenzel, G./Hurrelmann, K. (Hrsg.) (2019): Handbuch Bildungsarmut, Wiesbaden.

Richter, A. (2000): Wie erleben und bewältigen Kinder Armut? Eine qualitative Studie über die Belastungen aus Unterversorgungslagen und ihre Bewältigung aus subjektiver Sicht von Grundschulkindern einer ländlichen Region, Aachen.

Salzmann, D./Lorenz, S./Sann, A./Fullerton, B./Liel, C./Schreier, A./Eickhorst, A./Walper, S. (2018): Wie geht es Familien mit Kleinkindern in Deutschland?, in: Nationales Zentrum Frühe Hilfen (NZFH), Forschungsverbund Deutsches Jugendinstitut (DJI) und TU Dortmund (Hrsg.) (2018): Datenreport Frühe Hilfen Ausgabe 2017, Köln, S. 6–23.

Schütte, J. (2013): Armut wird „sozial vererbt". Status Quo und Reformbedarf der Inklusionsförderung in der Bundesrepublik Deutschland, Wiesbaden.

Tophoven, S./Wenzig, C./Lietzmann, T. (2015): Kinder- und Familienarmut: Lebensumstände von Kindern in der Grundsicherung, Gütersloh.

Tophoven, S./Lietzmann, T./Reiter, S./Wenzig, C. (2017): Armutsmuster in Kindheit und Jugend. Längsschnittbetrachtungen von Kinderarmut, Gütersloh.

Tophoven, S./Lietzmann, T./Reiter, S./Wenzig, C. (2018): Aufwachsen in Armutslagen. Zentrale Einflussfaktoren und Folgen für die soziale Teilhabe, Gütersloh.

Walper, S. (2018): Armutsbedingte Belastungen der Familie als Gesundheitsrisiko für Kinder. Folienvortrag zu einer Fachtagung des Nationalen Zentrums Frühe Hilfen am 18.10.2018 in Berlin, https://www.fruehehilfen.de/fileadmin/user_upload/fruehehilfen.de/pdf/Kooperationstagung-Damit-Armut-nicht-krank-macht-Impulsvortrag-Walper.pdf (27. April 2019).

World Vision Deutschland (Hrsg.) (2018): Kinder in Deutschland 2018. 4. World Vision Kinderstudie, Frankfurt a.M.

Zander, M. (Hrsg.) (2011): Handbuch Resilienzförderung, Wiesbaden.

Anne Lenze

Kinder als Armutsrisiko? Familien im Steuer- und Sozialrecht

Das Armutsrisiko von Familien steigt mit jedem weiteren Kind. Insbesondere Mehrkindfamilien und Alleinerziehende können den steigenden finanziellen Bedarf häufig schlecht durch die Ausweitung ihres Erwerbsvolumens ausgleichen. Gerade viele Frauen sind zudem im Niedriglohnsektor beschäftigt. Übersehen wird aber häufig die Belastung der Einkommen durch Sozialversicherungsabgaben, die eine unterschätzte Ursache für die grassierende Kinderarmut in Deutschland ist.

Machen Kinder arm?

Mehrheitlich leben Familien in Deutschland in einer positiven wirtschaftlichen Situation; ein beträchtlicher Teil von ihnen allerdings verfügt über Einkommen unterhalb der Armutsrisikoschwelle. Nach dem in der Europäischen Union (EU) gängigen (relativen) Armutsbegriff werden Menschen als arm bezeichnet, wenn sie über weniger als 60 % des mittleren gesellschaftlichen Einkommens verfügen. Je nach Datenquelle liegt das Armutsrisiko von Kindern in Deutschland bei 14,6 % (EU-SILC, Einkommensjahr 2014), bei 19,7 % (Mikrozensus, Einkommensjahr 2015) oder bei 21,1 % (SOEP, Einkommensjahr 2014). Insbesondere Kinder aus Haushalten von Alleinerziehenden leben häufig in einer wirtschaftlich prekären Lage. Die Armutsgefährdungsquote steigt außerdem, je mehr Kinder in einem Haushalt leben. Im Jahr 2014 waren 54 % der Kinder von Armut bedroht, die mit Geschwistern bei einem alleinerziehenden Elternteil lebten. Bei Paarfamilien mit drei oder mehr Kindern lag die Armutsgefährdungsquote bei 27 % (BMFSJF 2017, 49).

Um unterschiedliche Haushalte überhaupt miteinander vergleichen zu können, wird das Pro-Kopf-Einkommen nach der neuen Skala der Organisation für wirtschaftliche Zusammenarbeit und Entwicklung (OECD) berechnet. Danach geht die erste erwachsene Person mit dem Faktor 1,0 in die Gewichtung ein, alle anderen Haushaltsmitglieder über 14 Jahren mit dem Faktor 0,5. Kinder unter 14 Jahren erhalten das Gewicht 0,3. So lag das sog. äquivalenzgewichtete Haushaltseinkommen, das den Schwellenwert für Armutsgefährdung markiert, im Jahr 2016 für einen Alleinstehenden bei 1.064 €, für eine Alleinerziehende mit zwei Kindern unter 14 Jahren bei 1.702 € und für zwei Erwachsene mit zwei Kindern unter 14 Jahren bei 2.234 € (Statistisches Bundesamt 2018, 41).[1]

Offensichtlich steigt mit der Anzahl der Kinder der finanzielle Bedarf der Haushalte, um ein Leben über der Armutsrisikoschwelle führen zu können. Gleichzeitig verschlechtern sich die Bedingungen, um dieses Mehr an Einkommen erzielen zu können. Dies gilt insbesondere für zwei Konstellationen: für Familien mit mehr als zwei Kindern sowie für Alleinerziehende. In dem einen Fall sieht sich der erhöhte Finanzbedarf mit einem hohen Zeitbedarf für Betreuung und Erziehung mehrerer Kinder konfrontiert. In dem anderen Fall muss eine einzelne Person – 2017 war dies in 88 % der Fälle die Mutter (Statistisches Bundesamt 2018, 13) – Betreuung und Erziehung der Kinder sowie eine Erwerbstätigkeit allein bewerkstelligen.

Im Folgenden steht insbesondere die Situation von Alleinerziehenden im Vordergrund, wobei auch die Familien mit mehr als zwei Kindern nicht ganz aus dem Blick geraten sollten. Bei Letzteren ist die Armutsproblematik häufig zudem stark von einem Migrationshintergrund geprägt und dieser wiederum mit fehlenden oder nicht kompatiblen Bildungsabschlüssen. Allerdings ist der Forschungsstand zu Armut in kinderreichen Familien nicht besonders ausgeprägt.

Armut bei Alleinerziehenden

Prof. Dr. Anne Lenze
lehrt Soziale Sicherung am Fachbereich Soziale Arbeit, Hochschule Darmstadt.
E-Mail: anne.lenze@h-da.de

Nicht nur sind Alleinerziehende und ihre Kinder stark von relativer Armut betroffen, sie leiden auch häufiger unter materieller Entbehrung, die an der Anzahl der Güter und Dienstleistungen gemessen wird, die sich ein Haushalt aus finanziellen Gründen nicht leisten kann. Am häufigsten zeigte sich das im Jahr 2016 über alle Haushaltstypen hinweg daran, ob unerwartete Ausgaben von knapp 1.000 € aus eigenen finanziellen Mitteln bestritten werden können oder nicht. 30,4 % der Bevölkerung lebten in Haushalten, für die das eine Herausforderung war. Personen in Haushalten von Alleinerziehenden waren mit 62,7 % weit überdurchschnittlich betroffen. Mit 28,4 % lag der Anteil von Personen in Haushalten von zwei Erwachsenen mit Kind/ern leicht unter dem Durchschnittswert.

Einen Urlaub konnten sich 2016 insgesamt 18,6 % der Bevölkerung in Deutschland finanziell nicht leisten. 39,1 % der Alleinerziehenden konnten nicht jährlich mindestens eine Woche mit ihren Kindern in die Ferien fahren. Dagegen lag der entsprechende

1 In einer neueren Studie wurde allerdings nachgewiesen, dass die Äquivalenzskalen die Armut im unteren Einkommensbereich unterzeichnen und die Haushalte mit höheren Einkommen ärmer erscheinen lassen, als sie eigentlich sind, weil die sog. Synergieeffekte des gemeinsamen Wirtschaftens gerade in einkommensschwachen Haushalten geringer ausfallen als angenommen. Mit der empirischen Ermittlung von einkommensabhängigen Äquivalenzskalen erhöht sich nach der neuen Methode das Armutsrisiko von Alleinerziehenden von dem ohnehin schon hohen Wert von 40 % auf 68 % (Garbuszus u.a. 2018, 7).

Anteil für Personen in Haushalten von zwei Erwachsenen mit Kind/ern bei vergleichsweise geringen 16,2 %.

Weiterhin waren 14,2 % der Personen in Alleinerziehenden-Haushalten finanziell nicht in der Lage, jeden zweiten Tag eine vollwertige Mahlzeit zu sich zu nehmen. Alleinerziehenden-Haushalte hatten auch überdurchschnittlich häufig Schwierigkeiten, Mieten, Hypotheken, Kredite, Strom- oder Wasserrechnungen rechtzeitig zu bezahlen (7,6 % gegenüber 4,4 % für die Bevölkerung insgesamt). Darüber hinaus konnten 9,2 % der Personen in Alleinerziehenden-Haushalten aus finanziellen Gründen ihre Wohnungen nicht angemessen heizen. Für die Bevölkerung insgesamt betrug der entsprechende Anteil dagegen 4,0 % (Statistisches Bundesamt 2018, 43).

Armut von Ein-Eltern-Familien hängt mit der eingeschränkten Möglichkeit zusammen, in Vollzeit erwerbstätig zu sein. Zwar sind Alleinerziehende mittlerweile etwas häufiger erwerbstätig als Mütter in Paarfamilien (68 versus 67 %) und sie arbeiten im Schnitt auch rund fünf Stunden mehr pro Woche; dennoch sind 32 % überhaupt nicht erwerbstätig. Daher und weil in Haushalten von Alleinerziehenden meist nur die bzw. der Alleinerziehende erwerbstätig sein und maßgeblich zum Haushaltseinkommen beitragen kann, ist ihre wirtschaftliche Situation häufiger prekär als die der Paarfamilien. Rund 44 % der Alleinerziehenden sind armutsgefährdet, Paarfamilien mit ein bis zwei Kindern demgegenüber lediglich zu 10 %.

Dementsprechend hoch ist der Anspruch auf Sozialleistungen unter den Alleinerziehenden. Sie beziehen mehr als fünfmal so häufig SGB-II-Leistungen wie Paarfamilien, 38 % der Alleinerziehenden mit Kindern unter 18 Jahren erhalten SGB-II-Leistungen, aber nur 7 % der Paarfamilien. Ein Problem, das zur häufig schwierigen wirtschaftlichen Lage der Alleinerziehenden beiträgt, ist, dass trotz der Erwerbstätigkeit teilweise nicht bedarfsdeckende Einkommen verdient werden können: 35 % der Alleinerziehenden im SGB-II-Bezug sind erwerbstätig (BMFSJF 2017, 49).

Armut bei Mehrkindfamilien

Für Familien mit mehr als zwei Kindern (Mehrkindfamilien) gilt, dass sie in der Regel nicht geringere Einkommen haben als kleinere Familien. Bei ihnen ist das erhöhte Armutsrisiko bedingt durch die höhere Personenzahl im Haushalt. Pro Kopf steht Mehrkindfamilien ein geringeres Einkommen zur Verfügung als Paarhaushalten mit weniger Kindern. Bei einer Verteilung verschiedener Familientypen nach Einkommen und unter Berücksichtigung der Zahl der Haushaltsmitglieder zeigt sich: 68 % der Familien mit mehr als zwei Kindern haben weniger als das mittlere Einkommen aller Familien zur Verfügung. Die schwierige wirtschaftliche Situation zeigt sich auch im vergleichsweise hohen Anteil der Mehrkindfamilien mit Bezug von Leistungen nach dem Zweiten Buch Sozialgesetzbuch (SGB II): Jeder fünfte Paarhaushalt mit drei oder mehr Kindern bezog

Anfang 2017 SGB-II-Leistungen. Bei den Familien mit einem oder zwei Kindern lag der Anteil bei nur 6 bzw. 7 % (BMFSJF 2017, 50).

In einer neueren Studie wird nachgewiesen, dass Familien ihre Wohlfahrtposition im Zeitraum von 1992 bis 2015 insgesamt stabilisieren oder verbessern konnten. Allerdings war dies nicht die Folge einer Verbesserung der familienpolitischen Leistungen. Diese zeigten im Wesentlichen kaum Effekte, weil im gleichen Zeitraum eine Reihe von Steuern und Abgaben erhöht wurden, die Familien wegen ihrer Verbrauchsstruktur stärker treffen als Haushalte ohne Kinder, z.B. die Erhöhung der Mehrwertsteuer oder die Steuern auf Energie (Garbuszus u.a. 2018, 18).

Verbesserungen ihrer materiellen Lage konnten nur solche Familien erzielen, die ihr Erwerbsvolumen ausgeweitet hatten, insbesondere durch eine vermehrte Berufstätigkeit der Mütter. Paare mit drei Kindern sowie Ein-Eltern-Haushalte sind aber durch eine relativ hohe Betreuungsintensität daran gehindert, es den anderen Familientypen gleichzutun – mit unterschiedlichen Konsequenzen: Bei Paaren mit drei Kindern ist das Niveau der Erwerbsbeteiligung der Mütter immer noch vergleichsweise niedrig, die Zunahme aber recht stark; bei Ein-Eltern-Haushalten ist das Niveau durchgängig hoch, die Veränderung im Zeitverlauf jedoch eher gering.

> Familien haben also durch Anpassungen ihres Erwerbsverhaltens im Beobachtungszeitraum selbst stark dazu beigetragen, ihre Wohlstandsposition zu stabilisieren bzw. ihre Betroffenheit von Armut und Armutsrisiken zu begrenzen, soweit ihnen dies unter den jeweiligen Rahmenbedingungen möglich war (Garbuszus u.a. 2018, 103).

Alleinerziehende im Niedriglohnsektor

2014 arbeiteten in Deutschland 21,4 % der Beschäftigten im Niedriglohnbereich. Unter den sozialversicherungspflichtigen Vollzeitbeschäftigten arbeiten insgesamt immerhin noch 10,2 % zu Niedriglöhnen. Diese sind definiert als ein Verdienst von unterhalb von zwei Dritteln des mittleren Bruttolohns (2014: 10,20 €). In diesem Bereich sind besonders viele Frauen und Beschäftigte unter 25 Jahren tätig, außerdem viele Arbeitnehmer/innen in den neuen Bundesländern. Deutschland liegt in Bezug auf die Größe des Niedriglohnsektors erheblich über dem EU-Durchschnitt und teilt sich diesen Spitzenplatz mit Ländern wie Bulgarien, Rumänien, Litauen, Lettland, Polen und Estland (BT-Drucks. 18/10582).

Nach Angaben der Bundesregierung hatten am 31. Dezember 2016 insgesamt 3.669.000 sozialversicherungspflichtige Vollzeitbeschäftigte in Deutschland ein Entgelt von weniger als 2.000 € brutto. Das entsprach 17,7 % aller Vollzeitbeschäftigten. Die Werte für Westdeutschland lagen bei 14,7 %, die für Ostdeutschland bei 31,2 % (BMAS

2018). Gerade im Niedriglohnbereich ist es aber nicht möglich, Kinder vom selbst erzielten Einkommen zu unterhalten. Dies ist auch in der Statistik der Bundesagentur für Arbeit (BA) zu erkennen, da Paare mit Kindern, aber auch Alleinerziehende häufiger als Alleinstehende zu den Aufstockern gehören, obwohl sie höhere Arbeitszeiten und höhere Stundenlöhne als diese aufweisen (Bruckmeier u.a. 2015, 3).

Von der insgesamt positiven Einkommensentwicklung der letzten Jahre haben Menschen am unteren Ende der Einkommenshierachie nicht profitieren können: Die ärmsten 10 % der Gesellschaft haben in den Jahren zwischen 1991 und 2015 sogar 10 % ihres Einkommensniveaus verloren, die zwischen 10 % und 20 % auf der Skala Liegenden konnten ihre Lage nicht verbessern und erst die zwischen 20 % und 30 % der nach ihren Einkommen geschichteten Personen konnte in dem betrachteten Zeitraum 5 % hinzugewinnen (Grabka 2018, 453).

Unbestritten ist die Qualität der Arbeit heute schlechter als Anfang der 1990er-Jahre. Gestritten wird eher über die Frage, wie dies zu bewerten ist, ob also schlechte Arbeit besser ist als gar keine Arbeit. Zu der Entwicklung der sinkenden Reallöhne hat auch die Lohnzurückhaltung der Gewerkschaften über viele Jahre beigetragen, infolge der hohen Arbeitslosigkeit nach der Wiedervereinigung und der neuen Lohnkonkurrenz durch die EU-Osterweiterung. Auch heute, wo aufgrund der demografischen Entwicklung weniger junge Menschen in den Arbeitsmarkt hineinwachsen, als ihn durch den Altersruhebeginn verlassen und sich in bestimmten Branchen eine Arbeitskräfteknappheit abzeichnet, steigen die Löhne gegen alle Erwartungen und Erfahrungen der Vergangenheit nur moderat. Ökonomen rätseln über diesen „lohnlosen Aufschwung" (FAZ vom 17. August 2017, 17).

Auch der Mindestlohn von 9,19 € brutto im Jahre 2019 kann an der Kinderarmut nichts ändern, da er so gestaltet ist, dass er bei einer Vollzeittätigkeit gerade eine alleinstehende Person vor der Grundsicherung bewahren kann. Von ihm lässt sich nicht der Unterhalt für ein Kind bestreiten. Waren die Löhne bis in die 1970er-Jahre hinein noch so konzipiert, dass davon regelmäßig eine vier- bis fünfköpfige Familie miternährt werden konnte, so ist dies heute nicht mehr der Fall.

Alleinerziehende im Recht der Existenzsicherung

Im Recht der Existenzsicherung existieren für erwerbsfähige Personen zwei sich gegenseitig ausschließende Pfade – eine Unterstützung innerhalb des SGB II und eine außerhalb dieses Rechtskreises. Im SGB II wird die Existenz im Wesentlichen durch die Regelbedarfe, die Kosten für Unterkunft und Leistungen für die Vermittlung in Arbeit sichergestellt. Im Fall von Alleinerziehenden kommt zusätzlich der Mehrbedarf wegen Alleinerziehens hinzu, der nach Alter und Anzahl der Kinder variiert und zwischen 12 % und 60 % der Höhe des Regelbedarfes für eine/n alleinstehende/n Leistungsberechtigte/n beträgt (§ 21 Abs. 2 SGB II).

Für Familien mit niedrigen Einkommen stehen alternativ weitere Sozialleistungen zur Verfügung, mit denen der Bezug von SGB-II-Leistungen vermieden werden soll: Dies sind das Kindergeld, der Kinderzuschlag sowie das Wohngeld. Allerdings wirken diese Leistungen im Fall von Ein-Eltern-Familien schlecht zusammen. Zahlt der getrennt lebende Elternteil keinen Unterhalt für das Kind, was immerhin für ungefähr die Hälfte der Kinder zutrifft, oder wird kein ausreichender Unterhalt gezahlt, was für weitere 25 % der unterhaltsberechtigten Kinder zutrifft (Hartmann 2014, 8), so tritt der Staat nach dem Unterhaltsvorschussgesetz (UVG) ein. Allerdings wurde bislang die UVG-Leistung weitestgehend auf den Kinderzuschlag und auf das Wohngeld angerechnet. Das Starke-Familien-Gesetz, das am 1. Juli 2019 in Kraft tritt, wird zumindest dafür sorgen, dass Unterhalt und Unterhaltsvorschuss nur noch zu 45 % auf den Kinderzuschlag angerechnet werden.

Da sich im Wohngeldrecht allerdings nichts verändert hat, wird sich zeigen, ob Alleinerziehende zukünftig verstärkt vom Kinderzuschlag profitieren werden. Dies ist auch deshalb fraglich, weil der Mehrbedarf wegen Kindererziehung aus dem SGB II nicht in den Kinderzuschlag „mitgenommen" werden kann, sodass sich Alleinerziehende vermutlich weiterhin finanziell besserstehen, wenn sie im SGB II-Bezug bleiben. Hinzu kommt der Aufwand, der sie neben einer Erwerbstätigkeit betreiben müssen, um Kinderzuschlag, Unterhaltsvorschuss, Wohngeld und die Leistungen für Bildung und Teilhabe bei verschiedenen Ämtern zu beantragen (Lenze 2014, 45 ff., 70 ff.).

Alleinerziehende im Steuerrecht

Seit der Unterhaltsrechtsreform von 2008 sind auch geschiedene Frauen für ihre eigene Versorgung grundsätzlich auf eine Erwerbstätigkeit angewiesen, sofern das jüngste Kind das dritte Lebensjahr vollendet hat (§ 1570 Abs. 1 Bürgerliches Gesetzbuch [BGB]). Aus der Ehe lässt sich seitdem kein Mehrwert an Versorgungssicherheit mehr gewinnen. Erzielen Alleinerziehende auf dem Arbeitsmarkt ein nennenswertes Einkommen, so tun sie dies – steuerrechtlich gesehen – unter ungünstigen Bedingungen:

Während Mehrkindfamilien im Steuerrecht in der Regel vom Ehegattensplitting profitieren, werden Alleinerziehende „stiefmütterlich" behandelt. Ihre besondere Situation wird lediglich durch den Entlastungsfreibetrag für Alleinerziehende berücksichtigt, der in die Steuerklasse II eingearbeitet ist. Dieser soll – ähnlich wie der Alleinerziehenden-Mehrbedarf des § 21 SGB II – die besonderen Belastungen des Alleinerziehens kompensieren. Der steuerliche Entlastungsfreibetrag beträgt 1.908 €, er erhöht sich für jedes weitere Kind um 240 €.

Vorläufer war der Haushaltsfreibetrag für Alleinerziehende, der nach einem Urteil des Bundesverfassungsgerichts (BVerfG) aus dem Jahr 1982 so erhöht worden war, dass er die Wirkungen des Ehegattensplittings für die Ein-Eltern-Familie übertragen konnte (BVerfGE 61, 319, 348). Zuletzt betrug der Haushaltsfreibetrag für Alleinerziehende 5.605 DM. Mit der Entscheidung des BVerfG aus dem Jahr 1998 zum Betreuungs- und Erziehungsbedarf im Steuerrecht wurde er auf alle Eltern übertragen (BVerfGE 99, S. 99 ff.). Der spezielle Freibetrag für Alleinerziehende sollte zunächst ganz wegfallen, wurde dann aber, um mehr als die Hälfte gekürzt, unter dem Begriff des Entlastungsbetrages wieder eingeführt.

Die Bedeutung dieses Freibetrages wird häufig überschätzt: Seine Auswirkungen sind gering, vor allem in den niedrigen Einkommensbereichen, in denen die meisten Alleinerziehenden unterwegs sind. Das jährliche Bruttoerwerbseinkommen lag im Jahr 2013 bei alleinerziehenden Müttern im Durchschnitt bei knapp 22.000 € (BT-Drs. 18/5888, 8). Bei einem Eingangssteuersatz von 14 % würde der Entlastungsfreibetrag eine monatliche Entlastung von 22,26 € bei einem Kind und von 25,06 € bei zwei Kindern bewirken. Von dem für alle Eltern geltenden Freibetrag für Betreuung, Erziehung und Ausbildung profitieren Alleinerziehende aufgrund ihrer häufig niedrigen Einkommen – über die Zahlung des Kindergeldes hinaus – ebenfalls nicht. Da eine im Auftrag der Bundesregierung erstellte Studie zeigte, dass der Entlastungsbetrag im Verhältnis zu seiner Höhe eine der effektivsten Leistungen zur Unterstützung der Erwerbstätigkeit von Alleinerziehenden ist und fast 20.000 von ihnen dadurch unabhängig von SGB II-Leistungen wurden, wundert es, dass die steuerliche Entlastung nicht weiter ausgebaut wird (Prognos 2015, 24).

Die hohe Abgabenbelastung Alleinerziehender lässt sich in den Untersuchungen der OECD nachweisen. Dort wird grundsätzlich festgestellt, dass in Deutschland die Belastung mit Steuern und Abgaben wegen der Beitragsbemessungsgrenzen in der Sozialversicherung mit steigenden Einkommen sinkt. Insbesondere aber sei die Abgabenlast für Alleinerziehende mit geringem Einkommen (zwei Kinder und zwei Drittel des Durchschnittslohns) in Deutschland überdurchschnittlich hoch. Viele OECD-Länder gewährten diesem Personenkreis umfangreiche staatliche Transferleistungen, sodass in einigen Ländern diese damit netto sogar mehr erhielten als der Arbeitgeber brutto zahle (OECD 2013, 164).

Daten der OECD für das Jahr 2012 zeigen, wie stark die Belastung der Einkommen der Alleinerziehenden mit Steuern und Sozialabgaben in den europäischen Staaten variiert. So bewegt sich in Deutschland im Fall eines alleinerziehenden Elternteils mit zwei Kindern und einem Verdienst von 67 % des Durchschnittseinkommens die Gesamtabgabenbelastung aus Steuern und Arbeitnehmerbeiträgen zur Sozialversicherung abzüglich der familienpolitischen Leistungen am oberen Ende der Skala: Alleinerziehende in dieser Konstellation werden in Deutschland in Höhe von 18 % ihres Bruttoeinkommens belastet. In anderen EU-Ländern können Alleinerziehende erheblich mehr von ihrem Arbeitsentgelt behalten: Die Belastung beträgt in Frankreich 15 %, in Dänemark, Schweden und Norwegen 11,7 % und in den Niederlanden 2,4 %. Viele Länder tasten die Einkommen der Alleinerziehenden mit zwei Kindern in dieser Einkommensstufe überhaupt nicht an, sondern kehren im Gegenteil noch Sozialleistungen aus, sodass sich bei dem Überblick der Abgabenbelastung im internationalen Vergleich negative Zahlen ergeben: In Großbritannien bekommen Alleinerziehende zu ihrem ungeschmälerten Einkommen noch 0,2 % hinzu, in der Schweiz 1,7 % und in Luxemburg 9,3 % (OECD 2013, 164).

Dieses Bild wird in anderen europäischen Vergleichsstudien bestätigt, die sich insbesondere mit Familien und Alleinerziehenden im Niedriglohnbereich beschäftigen. Selbst wenn Alleinerziehende einer Erwerbstätigkeit mit niedrigem Verdienst nachgehen, was immerhin für ein Drittel von ihnen zutrifft, und sie sich trotz widriger Bedingungen in das Erwerbsleben integrieren, verbessert sich ihre Einkommenslage dadurch kaum. Im Ergebnis steht die Armutsquote dieser Gruppe nach Berücksichtigung staatlicher Transfers mit über 40 % einsam an der Spitze verglichen mit anderen europäischen Ländern. Die entsprechende Quote betrug für Frankreich 25 %, für Dänemark 18 %, für die Niederlande 13 % und für Großbritannien 8 %. Dies liegt daran, dass der deutsche Sozialstaat die Erwerbstätigkeit Alleinerziehender mit Geringverdienst völlig unzureichend prämiert:

> „Wesentliche Bedingungsfaktoren für das deutsche Risikoprofil dürften eine mangelnde Vereinbarkeit von Familie und Beruf, zu niedrige Transferleistungen speziell für Alleinerziehende und eine relativ hohe Belastung mit (proportional zum Einkommen erhobenen) Sozialabgaben sein" (Bahle u.a. 2013, 198 f.).

Sozialversicherungsabgaben als Armutsrisiko

Im Fall von Familien mit niedrigen Einkommen schlägt eine weitere Problematik besonders zu Buche, die häufig übersehen wird. In Deutschland werden die Kinderkosten privat getragen, während die soziale Absicherung der Alten, Arbeitslosen, Kranken und Pflegebedürftigen kollektiv über Sozialabgaben der Beschäftigten organisiert ist. Auch hier bewirkt der demografische Wandel eine Verschärfung der Lage. In den 1950er- und 1960er-Jahren war es die Regel, dass Menschen Kinder bekamen, bis auf die 8 % einer Generation, die biologisch kinderlos blieben. Zahlenmäßig groß besetzte junge Generationen standen einer zahlenmäßig schwach besetzten Generation im Ruhestand gegenüber. Die Leistungen der gesetzlichen Sozialversicherungen waren gering, die Sozialversicherungsbeiträge niedrig. Heute müssen immer weniger Beitragszahler/innen für immer mehr Anspruchsberechtigte aufkommen, die ihre Renten auch länger beziehen, als dies in den 1950er- und 1960er-Jahren der Fall war. Die Zahl der kinderlosen Erwachsenen und die der Ein-Kind-Familien ist gestiegen, die Sozialversicherungsbeiträge sind hoch (Lenze, 2019, 265 ff.).

Deutscher Familienverband

Horizontaler Vergleich 2019 – Was am Monatsende „übrig" bleibt

Einkommen/Abzüge 2019 in €	Ledig ohne Kind	Verheiratet ohne Kind	Verheiratet 1 Kind	Verheiratet 2 Kinder	Verheiratet 3 Kinder	Verheiratet 4 Kinder	Verheiratet 5 Kinder
Jahresbrutto	35.000	35.000	35.000	35.000	35.000	35.000	35.000
Lohnsteuer	4.736	1.862	1.884	1.884	1.884	1.884	1.884
Kirchensteuer (8 %)	379	149	28	0	0	0	0
Solidaritätszuschlag	260	0	0	0	0	0	0
Krankenversicherung (AN 7,85 % inkl. 0,55 % Zusatzbeitrag)	2.748	2.748	2.748	2.748	2.748	2.748	2.748
Rentenversicherung (AN 9,3 %)	3.255	3.255	3.255	3.255	3.255	3.255	3.255
Arbeitslosenversicherung (AN 1,25 %)	438	438	438	438	438	438	438
Pflegevers. (AN 1,525% / Kinderlose 1,775 %)	621	621	534	534	534	534	534
Kindergeld (Stand 01/2019)	0	0	2.328	4.656	7.056	9.756	12.456
Netto	22.563	25.927	28.441	30.797	33.197	35.897	38.597
Steuerliches Existenzminimum							
Erwachsener	9.168	18.336	18.336	18.336	18.336	18.336	18.336
Kinder	0	0	7.620	15.240	22.860	30.480	38.100
Frei verfügbares Einkommen/Haushalt im Jahr	13.395	7.591	2.485	-2.779	-7.999	-12.919	-17.839
Frei verfügbares Einkommen/Haushalt im Monat	**1.116**	**633**	**207**	-232	-667	-1.077	-1.487

© Sebastian Heimann, Deutscher Familienverband · Dr. Lucia Gaschick, Familienbund der Katholiken Freiburg

1.) Für unsere Berechnungen gehen wir vom gerundeten Durchschnittsentgelt pro Jahr aus.
2.) Die erhöhte Abzugsfähigkeit von Vorsorgeaufwendungen kann dazu führen, dass bei höheren Einkommen (hier 35.000 €) der Kinderlosen-Zuschlag in der Pflegeversicherung (Ehepaar ohne Kind) zu einer geringeren Lohnsteuer führt.

Abb. 1: Horizontaler Vergleich bei einem Jahresbrutto-Gehalt von 35.000 € (aus: Deutscher Familienverband 2019, 2)

Deutscher Familienverband

Horizontaler Vergleich 2019 – Was am Monatsende „übrig" bleibt

Einkommen/Abzüge 2019 in €	ledig ohne Kind	Verheiratet ohne Kind	Verheiratet 1 Kind	Verheiratet 2 Kinder	Verheiratet 3 Kinder	Verheiratet 4 Kinder	Verheiratet 5 Kinder
Jahresbrutto	50.000	50.000	50.000	50.000	50.000	50.000	50.000
Lohnsteuer	8.840	5.030	5.064	5.064	5.064	5.064	5.064
Kirchensteuer (8 %)	707	402	248	103	0	0	0
Solidaritätszuschlag	486	277	170	0	0	0	0
Krankenversicherung (AN 7,85 % inkl. 0,55 % Zusatzbeitrag)	3.925	3.925	3.925	3.925	3.925	3.925	3.925
Rentenversicherung (AN 9,3 %)	4.650	4.650	4.650	4.650	4.650	4.650	4.650
Arbeitslosenversicherung (AN 1,25 %)	625	625	625	625	625	625	625
Pflegevers. (AN 1,525% / Kinderlose 1,775 %)	888	888	762	762	762	762	762
Kindergeld (Stand 01/2019)	0	0	2.328	4.656	7.056	9.756	12.456
Netto	29.879	34.203	36.884	39.527	42.030	44.730	47.430
Steuerliches Existenzminimum							
Erwachsener	9.168	18.336	18.336	18.336	18.336	18.336	18.336
Kinder	0	0	7.620	15.240	22.860	30.480	38.100
Frei verfügbares Einkommen/Haushalt im Jahr	20.711	15.867	10.928	5.951	834	-4.086	-9.006
Frei verfügbares Einkommen/Haushalt im Monat	**1.726**	**1.322**	**911**	**496**	**70**	-341	-751

© Sebastian Heimann, Deutscher Familienverband · Dr. Lucia Gaschick, Familienbund der Katholiken Freiburg

1.) Die erhöhte Abzugsfähigkeit von Vorsorgeaufwendungen kann dazu führen, dass bei höherer Einkommen (hier 50.000 €) der Kinderlosen-Zuschlag in der Pflegeversicherung (Ehepaar ohne Kind) zu einer geringeren Lohnsteuer führt.

Abb. 2: Horizontaler Vergleich bei einem Jahresbrutto-Gehalt von 50.000 € (aus: Deutscher Familienverband 2019, 4)

Eltern und Kinderlose werden bei der Beitragszahlung gleich behandelt: Eltern zahlen, mit Ausnahme der Pflegeversicherung, gleich hohe Beiträge wie Kinderlose, obwohl sie in zweifacher Hinsicht zu den Umlageverfahren beitragen: durch ihre monetären Beiträge und durch die Kindererziehung (Lenze, 2017, 130 ff.). Dies hat weitreichende Folgen für die Einkommenssituation von Familien. Der Deutsche Familienverband erstellt in jedem Jahr einen horizontalen Vergleich, um zu zeigen, wie Haushalte im Steuer- und Abgabensystem mit demselben Bruttoeinkommen auskommen. Dabei ist es vollkommen gleichgültig, ob dieses Einkommen durch einen oder zwei Elternteile erzielt wird. Der Vergleich in Abbildung 1 bezieht sich auf ein Jahresbrutto-Gehalt von 35.000 €, das einem durchschnittlichen Verdienst entspricht. Es zeigt sich, dass im deutschen Steuer- und Abgabensystem von einem durchschnittlichen jährlichen Bruttoeinkommen von 35.000 € eine vierköpfige Familie ihr steuerliches Existenzminimum nicht decken kann. Die finanzielle Situation verschlechtert sich mit jedem zusätzlichen Kind. In diesem Einkommensbereich sind es vor allem die Beiträge zur Sozialversicherung, die die größten Lücken zwischen Brutto- und Nettoeinkünften schlagen.

Ein weiteres Beispiel, das für viele Familien der Mittelschicht zutreffen wird, ist ein höherer Einkommensbereich, in dem der eine Elternteil 30.000 € und der andere 20.000 € Brutto-Jahresgehalt bezieht (siehe Abb. 2). Hier ist nun zwar bis zum dritten Kind das steuerliche Existenzminimum gewahrt, aber der Vergleich zum ledigen und kinderlosen Single weist auf gravierende Gerechtigkeitslücken hin. Die Sozialversicherung ist also zu einer Versicherung gegen Kinderlosigkeit geworden, ohne dass Kinderlose bislang hierfür einen Extrabeitrag entrichten müssen. Außerdem zeigt sich, dass selbst in der Mitte der Gesellschaft ab dem dritten Kind das Armutsrisiko steigt.

Der horizontale Vergleich zeigt sehr deutlich, dass es durch die Beitragsgestaltung der gesetzlichen Sozialversicherung zu Einkommensüberhängen bei kinderlosen Erwachsenen auf der einen Seite und zu Einkommenslücken bei Familien mit Kindern kommt, die dafür verantwortlich sind, dass Kinder nicht optimal gefördert werden können.[2] Hier ist eine der wesentlichen Ursachen für den überraschenden Befund gefunden, dass die Gesellschaft insgesamt immer weniger Kinder zu versorgen hat, die Erwerbstätigkeit von Müttern über die Jahre gestiegen ist sowie die Arbeitslosigkeit in den letzten zehn Jahren erheblich gesunken ist und dennoch praktisch keine Erfolge im Kampf gegen die Kinderarmut erzielt worden sind.

Für die Pflegeversicherung hatte das BVerfG im Jahr 2001 ausdrücklich verlangt, dass ein Ausgleich zwischen Eltern und kinderlosen Personen zu erfolgen habe, und zwar durch Regelungen, die die Elterngeneration während der Zeit der Betreuung und Erziehung entlasten,

2 Der horizontale Vergleich ist leider nicht geeignet, die Auswirkungen des Steuer- und Abgabensystems für Alleinerziehende in Relation zu Paarhaushalten sichtbar zu machen. Es wäre unrealistisch, sie auf der Einkommensstufe von jährlich 35.000 und 50.000 € Bruttoeinkommen in den Vergleich mit einzubeziehen. Legte man einen typischen Verdienst von 22.000 € zugrunde, so wäre es kein horizontaler Vergleich mehr. Sicher ist aber, dass auch die Einkommen der Alleinerziehenden von den Sozialversicherungsabgaben stark geschmälert werden.

> „denn die Beiträge, die von der heutigen Kindergeneration später im Erwachsenenalter auch zugunsten kinderloser Versicherter geleistet werden, basieren maßgeblich auf Erziehungsleistungen ihrer heute versicherungspflichtigen Eltern, die hiermit verbundene Belastung der Eltern tritt in deren Erwerbsphase auf – sie ist deshalb auch in diesem Zeitraum auszugleichen" (BVerfGE 103, 242, 270).

Eine Berücksichtigung des Kinderexistenzminimums bei der Beitragsentrichtung ist über die Pflegeversicherung hinaus auch für die gesetzliche Rentenversicherung und die gesetzliche Krankenversicherung erforderlich. Für die Rentenversicherung ist dies naheliegend, da die Renten ausschließlich von der nachwachsenden Generation getragen werden (Werding 2014, 32 ff.). Auch die Kindererziehungszeiten sind gerade kein Ausgleich zwischen Rentner/innen mit und ohne Kinder – auch sie werden von der nachwachsenden Generation bestritten. Ein generativer Beitrag findet ebenfalls in der gesetzlichen Krankenversicherung statt, trotz der sog. beitragsfreien Familien-Mitversicherung: So tragen Familien mit bis zu drei Kindern bis zum Renteneintritt die an sie geleisteten Krankheitskosten selbst (Niehaus 2012, 48), und trotz der Beitragspflicht der Rentner/innen ist die Krankenversicherung eine Umverteilungsinstanz von jungen zu alten Beitragszahlenden, denn die Ausgaben der Versicherung steigen ab dem 55. Lebensjahr der Versicherung rapide an (Niehaus 2012, 33).

Zwar existiert eine Vielzahl von familienpolitischen Leistungen, aber hier findet kein Transfer von Kinderlosen zu Eltern statt. Dies wäre der Fall, wenn diese Leistungen aus einer Sondersteuer für Menschen bestritten würde, die gegenwärtig keine Unterhaltspflichten für Kinder tragen. Derzeit finanzieren Eltern die Leistungen über ihre Einkommens- und Verbrauchssteuern zum großen Teil selbst (Kupferschmidt 2007, 207).

Der horizontale Vergleich zeigt, dass Eltern die Kinderkosten tragen können, wenn sie mindestens durchschnittlich oder besser verdienen. Wenn hier nicht gegengesteuert wird, indem das Existenzminimum von Kindern bei der Verbeitragung zur Sozialversicherung freigestellt wird und so die Einkommen von Eltern entlastet werden, wird sich an der Situation armer Familien nichts ändern – ganz im Gegenteil: Durch den fortschreitenden demografischen Wandel werden die absehbaren Steigerungen bei den Sozialversicherungsabgaben den Familien mit unterhaltspflichtigen Kindern ökonomisch immer weiter das Wasser abgraben.

Eine Freistellung des Existenzminimums der Kinder im Beitragsrecht der Sozialversicherung würde auch in besonderer Weise das familienbezogene Neutralitätsgebot des Art. 6 Abs. 1 Grundgesetz (GG) verwirklichen: So kann dieser für alle gleiche Betrag pro Kind bei berufstätigen Eltern je zur Hälfte von deren Einkommen abgezogen werden mit der Folge, dass für beide die Nettoeinkommen steigen. Ein/e Alleinverdiener/in könnte den Betrag zur Gänze geltend machen. Alleinerziehende, die vom anderen Elternteil keinen Kindesunterhalt erhalten, könnten ebenfalls den gesamten Betrag in Abzug bringen, was ihr Einkommen erheblich aufwerten würde. Schließlich würde auch keine unsoziale progressive Entlastungswirkung eintreten, da in allen Fällen der gleiche Betrag vom zu verbeitragenden Einkommen abgezogen würde. Die sinkenden Sozialversicherungsbeiträge für Eltern müssten von denjenigen Versicherten kompensiert werden, die gegenwärtig keine Unterhaltspflichten für Kinder tragen.

Ausblick

Im Kampf gegen Kinderarmut wären darüber hinaus sichere und gut bezahlte Arbeitsplätze eine Voraussetzung, damit Kinder aus dem selbst verdienten Einkommen finanziert werden können. Dies würde energische Maßnahmen gegen den in Deutschland ausgeprägten Niedriglohnsektor erfordern. Es sieht allerdings derzeit nicht so aus, als ließen sich hierfür politische Mehrheiten gewinnen. Solange dies der Fall ist, müssen die Kosten für den Unterhalt von Kindern insbesondere in niedrigen Einkommensbereichen vom Staat vollständig übernommen werden. In einem ersten Schritt sollten das Kindergeld, der Kinderzuschlag und Teile des Bildungs- und Teilhabegeldes zusammengefasst und als Einstieg in einer Kindergrundsicherung verstanden werden. Diese neue Leistung müsste zur gut verdienenden Mittelschicht hin langsam abgeschmolzen werden. Besser verdienende Familien würden nach wie vor von den steuerlichen Kinderfreibeträgen profitieren.

Literatur

Bahle, T./Göbel, C./Hubl, V. (2013): Familiäre Risikogruppen im europäischen Vergleich, in: WSI Mitteilungen 3, S. 192–200.

BMAS – Bundesministerium für Arbeit und Soziales (2018): Fragestunde des Deutschen Bundestages am 25. April 2018, BT- Drucksache 19/1762, Fragen Nr. 19 und 20.

BMFSFJ – Bundesministerium für Familie, Senioren, Frauen und Jugend (2017): Familienreport 2017, Leistungen, Wirkungen Trends, Berlin.

Bruckmeier, K./Eggs, J./Sperber, C./Trappmann, M./Walwei, U. (2015): Arbeitsmarktsituation von Aufstockern: Vor allem Minijobber suchen nach einer anderen Arbeit, IAB-Kurzbericht 19, S. 3.

Deutscher Familienverband (2019): Horizontaler Vergleich 2019. Wie familiengerecht ist die Abgaben- und Steuerlast in Deutschland?, https://deutscher-familienverband.de/publikationen/fachinformationen/send/2-publikationen/233-horizontaler-vergleich-2019 (17. Juni 2019).

Garbuszus, J. M./Ott, N./Pehle, S./Werding, M. (2018): Wie hat sich die Einkommenssituation von Familien entwickelt? Ein neues Messkonzept, Gütersloh.

Grabka, M./Goebel, J. (2018): Einkommensverteilung in Deutschland: Realeinkommen sind seit 1991 gestiegen, aber mehr Menschen beziehen Niedrigeinkommen, DIW-Wochenbericht 21.

Hartmann, B. (2014): Unterhaltsansprüche und deren Wirklichkeit: wie groß ist das Problem nicht gezahlten Kindesunterhalts?, SOEPpapers 660.

Kupferschmidt, F. (2007): Umverteilung und Familienpolitik, Frankfurt a.M.

Lenze, A. (2014): Alleinerziehende unter Druck. Rechtliche Rahmenbedingungen, finanzielle Lage und Reformbedarf, Gütersloh.

Lenze, A. (2017): Auf ein Neues: Beitragsgerechtigkeit in der Sozialversicherung, in: SGb, S. 130 ff.

Lenze, A. (2019): Der demografische Wandel – eine Herausforderung für die Soziale Sicherheit oder „alles halb so wild"?, in: SGb, S. 265 ff.

Niehaus, F. (2012): Familienlastenausgleich in der Gesetzlichen Krankenversicherung. Die „beitragsfreie Mitversicherung" auf dem Prüfstand, Gütersloh.

OECD (2013): Taxing Wages, Paris.

Prognos (2015): Im Blickpunkt – Alleinerziehende wirksam unterstützen, Basel u.a.

Statistisches Bundesamt (2018): Alleinerziehende in Deutschland 2017.

Werding, M. (2014): Familien in der gesetzlichen Rentenversicherung. Das Umlageverfahren auf dem Prüfstand, Gütersloh.

Hanne Albig, Lukas Riedel, Holger Stichnoth

Was kommt bei den Kindern an? Vorurteile gegenüber armen Familien

Bei Geldleistungen für Kinder wird oft die Sorge geäußert, dass das Geld nicht bei den Kindern ankäme. Eine neue Studie des Leibniz-Zentrums für Europäische Wirtschaftsforschung (ZEW) im Auftrag der Bertelsmann Stiftung zeigt für zwei Leistungen (Landeserziehungsgeld und Kindergeld), dass dieses Misstrauen im Regelfall unbegründet ist. Es finden sich keine Hinweise darauf, dass die Eltern die Zahlungen systematisch zweckentfremden und etwa für Alkohol, Tabak oder Unterhaltungselektronik ausgeben.

Viele familien- und sozialpolitische Leistungen für Kinder sind Geldleistungen, die Eltern so einsetzen können, wie sie es für richtig halten. Sie müssen nicht nachweisen, wofür das Geld ausgegeben wurde. Bei solchen nicht zweckgebundenen Geldleistungen kann also nicht sichergestellt werden, dass das Geld tatsächlich bei den Kindern ankommt. Daher besteht bei diesen Geldleistungen die Sorge, dass die Eltern sie für Ausgaben verwenden, die keinen positiven Effekt auf das Wohlergehen ihrer Kinder haben. Vielfach wird sogar unterstellt, dass sie das Geld für eigene Wünsche „zweckentfremden". Hierzu tragen Vorurteile sowie Berichterstattung über negative Einzelbeispiele bei: So prägen auch Medien das Bild, dass Eltern mit dem Kindergeld eher Fernseher, Alkohol oder Zigaretten kaufen würden als gesundes Essen oder Schulmaterialien für ihre Kinder.

Aufgrund dieser Sorge wurde 2011 das Bildungs- und Teilhabepaket (BuT) eingeführt, mit dem die Förderung von Kindern und Jugendlichen mit Transferbezug (Leistungen nach dem Zweiten Buch Sozialgesetzbuch [SGB II] und Asylbewerberleistungsgesetz [AsylbLG], Wohngeld, Kinderzuschlag) bewusst in Form von Sach- und Dienstleistungen erfolgt. Die entsprechenden Förderleistungen wurden aus den bisherigen Regelbedarfen herausgerechnet, um einer möglichen falschen Verwendung von (nicht zweckgebundenen) Geldleistungen durch Eltern vorzubeugen. Jedoch verursacht diese Art der Leistungsgewährung einen hohen administrativen Aufwand: Die Personal- und Sachkosten der Verwaltung liegen vermutlich bei 20–30 % der Fördersumme (Sell 2011; Öchsner 2016; SOFI/IAB 2016).

Die Studie „Kommt das Geld bei den Kindern an?" (Stichnoth u.a. 2018) des ZEW untersucht empirisch, ob das eingangs skizzierte Misstrauen gegenüber Familien begründet ist. Dazu wird analysiert, ob bestehende Geldleistungen für Familien tatsächlich bei den Kindern ankommen oder ob – wie es Berichte über negative Einzelfälle suggerieren – das Geld von den Eltern „zweckentfremdet" wird. Die Frage ist nicht nur relevant für die Bewertung des BuT, sondern gewinnt durch aktuelle familien- und sozialpolitische Vorschläge neue Bedeutung, beispielsweise die Einführung eines Teilhabegeldes oder einer Kindergrundsicherung. Durch solche Reformen würden die meisten Familien deutlich höhere Geldtransfers als derzeit beziehen. Für die Bewertung dieser Vorschläge ist es daher wichtig, abschätzen zu können, was mit dem Geld geschehen würde.

Was ist zur Verwendung von Geldleistungen bereits bekannt?

Bei der Frage, ob Geldleistungen für Familien bei den Kindern ankommen, stehen häufig kritische Stimmen im Vordergrund. Praktiker/innen aus der Sozialarbeit berichten davon, dass Kinder von Arbeitslosengeld-II-Empfänger/innen morgens ohne Frühstück zur Schule gingen und auch sonst vernachlässigt würden, während in den Familien gleichzeitig Geld für andere Dinge vorhanden sei.

Eine systematische Befragung von Familien im Rahmen qualitativer Studien liefert ein anderes Bild. Familien mit geringen Einkommen in der Region Braunschweig wurden gefragt, auf was sie verzichten, wenn das Geld nicht reicht (Diakonisches Werk/Stiftung Braunschweigischer Kulturbesitz 2011). Deutlich über drei Viertel gaben an, beim Urlaub, der eigenen Kleidung, bei Kino-, Theater- und Konzertbesuchen zu sparen. Auch bei Zeitschriften, Geschenken oder Sport und Hobbys wird häufig gespart. Bei den Bedürfnissen ihrer Kinder zu sparen, wird hingegen von den wenigsten der befragten Familien erwogen; diese Möglichkeit rangiert an letzter Stelle unter den 14 Antwortkategorien. Auf die Frage, in welchen Bereichen sich die Eltern noch stärkere Unterstützung wünschen, tauchen Angebote für die Kinder (insbesondere bei schulischen Problemen) gleich nach der Unterstützung im Umgang mit Ämtern und Behörden auf dem zweiten Platz auf.

Auch die qualitative Studie von Andresen und Galic (2015) kommt zu dem Schluss, dass Eltern eher bei sich selbst als ihren Kindern sparen und sich um die Folgen der eigenen Armut für die Kinder, nicht zuletzt im schulischen Bereich, Sorgen machen.

Hanne Albig,
geprüfte Hilfskraft im Forschungsbereich Soziale Sicherung und Verteilung, ZEW – Leibniz-Zentrum für Europäische Wirtschaftsforschung Mannheim. E-Mail: hanne.albig@zew.de.

Lukas Riedel,
wissenschaftlicher Mitarbeiter im Forschungsbereich Soziale Sicherung und Verteilung, ZEW Mannheim. E-Mail: lukas.riedel@zew.de

Dr. Holger Stichnoth,
stellvertretender Leiter des Forschungsbereichs Soziale Sicherung und Verteilung, ZEW Mannheim. E-Mail: holger.stichnoth@zew.de.

Allerdings bewerten die in der Studie aus der Region Braunschweig ebenfalls befragten Akteure der Sozialen Arbeit die Prioritäten der Haushalte anders. Die befragten Akteure – Stadt-, Gemeinde- und Landkreisverwaltungen, Freie Träger der Wohlfahrtspflege, Kirchengemeinden, Tageseinrichtungen für Kinder, Grundschulen – sind zwar ebenfalls der Meinung, dass die einkommensschwachen Haushalte vor allem beim Urlaub und bei Kino-, Theater- und Konzertbesuchen sparen, wenn das Geld knapp ist. Allerdings ist der Bedarf der Kinder aus ihrer Sicht nicht der letzte Posten, an dem gespart wird, sondern rangiert auf Platz 6 von 14. Vielmehr würde zuletzt bei Kaffee, Alkohol und Zigaretten gespart. Aus Sicht der Studienautorinnen zeigt diese Einschätzung, dass die Akteure, „als Teil der gesellschaftlichen Realität, nicht gegen die Reproduzierung dieser [negativen] Vorstellung von ‚armen' Eltern gefeit sind" (Andresen/Galic 2015, 77). Eine andere Interpretation ist, dass die Eltern in der Befragung ihre Prioritäten bewusst oder unbewusst etwas geschönt haben.

Dagegen sprechen allerdings die Erkenntnisse einer weiteren Studie, die im Rahmen des ersten Armuts- und Reichtumsberichts für Baden-Württemberg (Kirchmann u.a. 2014). Die darin verwendeten Daten stammen aus der Einkommens- und Verbrauchsstichprobe, also einem umfassenden Datensatz, der nicht nur einkommensschwache Haushalte und deren Konsumverhalten in den Blick nimmt. Der Anreiz, sich in der Befragung als besonders unterstützungswürdig darzustellen, ist also sehr gering. Die Studie ergibt, dass vor allem beim Urlaub, der Freizeitgestaltung und beim Medienkonsum gespart wird. Im Rahmen ihrer finanziellen Möglichkeiten räumen ärmere Familien den Bereichen Bildung, Ausbildung und Kinderbetreuung dagegen die gleiche Bedeutung ein wie solche mit höheren Einkommen.

Auch Feldexperimente aus der Entwicklungshilfe erweisen sich als aufschlussreich, um die Wirkungen von Geldleistungen zu identifizieren. Lange Zeit dominierten Sachleistungen die Entwicklungshilfe an einkommensschwache Länder, während in den letzten Jahren die Zahl der Programme, die auf Geldleistungen setzen, wächst. Die Evidenz deutet generell darauf hin, dass Geldleistungen die Einkommens- und Ernährungssituation verbessern und nicht für Alkohol und Zigaretten zweckentfremdet werden, unabhängig davon, ob die Geldleistungen an Bedingungen geknüpft sind oder nicht (vgl. OECD 2013; Banerjee u.a. 2017; Haushofer/Shapiro 2016; Lowrey 2018, Kap. 4; Evans/Popova 2017).

Die ZEW-Studie „Kommt das Geld bei den Kindern an?"

Die Studie „Kommt das Geld bei den Kindern an?" nutzt die empirischen Methoden der Wirtschaftswissenschaften, um zu untersuchen, ob bestehende Geldleistungen tatsächlich zum Nutzen der Kinder verwendet werden oder ob Eltern sie „zweckentfremden". Auf Basis eines großen Haushaltsdatensatzes wird analysiert, wie Geldleistungen für Familien auf die Einkommen und Ausgaben der Familien, den Alkohol- und Tabakkonsum der Eltern sowie die Betreuung und Freizeitaktivitäten der Kinder wirken. Um kausale

Effekte zu isolieren, muss bekannt sein, wie sich die Zielgrößen entwickelt hätten, wenn die Geldleistung nicht geflossen wäre. Diese kontrafaktische Situation lässt sich jedoch auf der Ebene des einzelnen Haushalts nicht beobachten: Ein Haushalt bekommt in einem gegebenen Jahr entweder Geldleistungen in einer bestimmten Höhe oder nicht; wie er sich in diesem Jahr ohne Geldleistungen oder mit Leistungen in anderer Höhe verhalten hätte, ist nicht bekannt. Es bedarf daher einer plausiblen Vergleichsgruppe, die die kontrafaktische Situation so gut wie möglich approximiert. Dies ist die zentrale Herausforderung jeder Kausalanalyse.

Der „Goldstandard" wäre die Durchführung eines randomisierten Feldexperiments, in dessen Rahmen man einer zufällig ausgewählten Gruppe von Haushalten eine Geldleistung für Kinder gewährt, einer zweiten Gruppe eine Sachleistung und einer dritten Gruppe keine Mittel. Durch die Randomisierung können jegliche Unterschiede zwischen den Gruppen auf die Geld- oder Sachleistungen zurückgeführt werden. Experimente dieser Art werden in der Entwicklungshilfe erfolgreich eingesetzt, um die Wirkung von Programmen zu evaluieren und zu verbessern. Für Deutschland existiert aus verschiedenen Gründen (Kosten, rechtliche und politische Bedenken) noch keine derartige Evidenz.

Die vorliegende Studie verwendet daher eine sogenannte „quasi-experimentelle" Strategie, um dennoch die Wirkung der Geldleistung identifizieren zu können. Dazu wird das Landeserziehungsgeld herangezogen, eine Geldleistung für Familien, die von fünf Bundesländern (Baden-Württemberg, Bayern, Mecklenburg-Vorpommern, Sachsen und Thüringen) im Anschluss an das Bundeserziehungs- bzw. Bundeselterngeld gewährt wird bzw. wurde.[1] Die Leistung wird meist für ein Jahr gezahlt und liegt zwischen 150,– € und 300,– € pro Kind und Monat. Der Anspruch auf Landeserziehungsgeld ist an bestimmte Bedingungen geknüpft: So wird zumeist eine Obergrenze für das Haushaltseinkommen und die Arbeitszeit der Eltern definiert. In einigen Bundesländern wird zudem gefordert, dass sich die Kinder, für die die Leistung gewährt wird, nicht in einer staatlich geförderten Betreuungseinrichtung befinden. Da das Landeserziehungsgeld nur in einigen Bundesländern und Jahren gezahlt wurde, lassen sich eine Treatmentgruppe, also eine Gruppe, die einen Anspruch auf die Leistung hat, und eine Kontrollgruppe ohne diesen Anspruch definieren. Entscheidend hierbei ist, dass beide Gruppen über den (Nicht-)Bezug der Leistung hinaus vergleichbar sind.

Daneben wird das Kindergeld untersucht. Ein Anspruch auf Kindergeld entsteht mit der Geburt eines Kindes und gilt mindestens bis zum 18. Lebensjahr. Die Höhe richtet sich nach der Anzahl der Kinder. Das Kindergeld wird an alle Familien gezahlt und gilt als ein Musterbeispiel für eine bedingungslos gewährte Geldleistung.[2] Anders als

1 Die Studie verwendet Daten aus dem Jahr 2016 und den entsprechenden Rechtsstand. Aktuell ist Sachsen das einzige Bundesland, das ein Landeserziehungsgeld zahlt, nachdem das Bayerische Landeserziehungsgeld zum 1. Januar 2018 durch das Familiengeld ersetzt worden ist.

2 Streng genommen ist nur derjenige Teil des Kindergelds eine Geld(transfer)leistung, der sich nicht aus der einkommensteuerlichen Entlastung des Einkommens über die Kinderfreibeträge ergibt. Diese Unterscheidung ist jedoch in weiten Teilen der Bevölkerung vermutlich unbekannt und für die Zwecke der vorliegenden Untersuchung nicht entscheidend.

beim Landeserziehungsgeld, das an Familien mit eher geringen Einkommen gezahlt wird, deckt die Untersuchung beim Kindergeld also auch die Haushalte mit höheren Einkommen ab. Um Aussagen zu den Effekten des Kindergeldes treffen zu können, wird die Variation in der Höhe der Leistung genutzt, die sich aus Gesetzesänderungen (Erhöhungen des Kindergeldes) und durch den realen Kaufkraftverlust ergibt. Für jede Familie wird also die Ausgabenstruktur in Jahren mit (real) mehr oder weniger hohem Kindergeld verglichen.[3] Ein solcher Längsschnitt-Vergleich ist aussagekräftiger als ein Vergleich zwischen Familien im Querschnitt, weil unbeobachtete und potenziell verzerrende Faktoren eliminiert werden können, solange ihr Einfluss über die Zeit konstant bleibt.

Datengrundlage für die empirische Untersuchung ist das Sozio-oekonomische Panel (SOEP), eine seit 1984 jährlich durchgeführte repräsentative Befragung von über 20.000 Personen aus rund 12.000 Haushalten in Deutschland (Wagner u.a. 2007). Das Fragenspektrum ist sehr breit und deckt neben dem Einkommen auf Haushalts- und Individualebene auch eine Vielzahl von sozio-ökonomischen Informationen ab. Das Konsumverhalten und die Aktivitäten der Kinder sind somit nur einige von vielen Unterpunkten in einem langen Fragebogen. Eine Verzerrung dadurch, dass Befragte womöglich eine sozial erwünschte Antwort auf heikle Themen wie Alkohol- und Tabakkonsum geben, ist somit wesentlich unwahrscheinlicher als in einer Umfrage mit einem klaren Fokus auf Sozialleistungen und ihre Verwendung.

Ergebnisse

Haushalte mit Anspruch auf Landeserziehungsgeld verfügen über ein zusätzliches Einkommen von rund 230,– € monatlich. Durch das Landeserziehungsgeld geht die Erwerbsarbeit etwas zurück – Eltern nutzen die Leistung also auch, um die eigene Betreuung ihrer Kinder finanziell abzufedern. Der Anteil an Kindern, die außerhalb der Familie betreut werden, sinkt passend dazu um knapp elf Prozentpunkte. Es finden sich keine statistisch signifikanten Effekte auf die Teilnahme an Musikunterricht oder Mutter-Kind-Gruppen. Die Wahrscheinlichkeit, am Kinderturnen teilzunehmen, sinkt um rund zehn Prozentpunkte, was jedoch auf die geringere Inanspruchnahme von – mit Kinderturnen häufig eng verknüpften – Betreuungsangeboten zurückzuführen sein könnte.

Mit dem nun niedrigeren Arbeitseinkommen verbleibt den Haushalten ein im Durchschnitt um 47,– € pro Monat höheres Nettoeinkommen. Für die Ersparnis sowie einzelne Ausgabeposten lässt sich keine signifikante Wirkung des Landeserziehungsgeldes feststellen. Es kann kein vermehrter Kauf oder Besitz von Unterhaltungselektronik und kein Anstieg des Alkoholkonsums nachgewiesen werden. Für Frauen in Haushalten mit Anspruch auf Landeserziehungsgeld ist die Wahrscheinlichkeit zu rauchen im Zeitraum

3 Familien, die Arbeitslosengeld II erhalten, werden aus der Stichprobe ausgeschlossen, weil sich Kindergelderhöhungen durch die Anrechnung auf die Transferansprüche nicht eins zu eins im Haushaltsbudget niederschlagen.

von 2002 bis 2008 erhöht. Seit 2009 – also der Zeitraum, der für die aktuelle Situation die größeren Rückschlüsse zulässt – ist ein derartiger Effekt nicht mehr nachzuweisen.

Ein Anstieg des Kindergelds erhöht das Haushaltsnettoeinkommen nahezu im Verhältnis eins zu eins. Ein signifikanter Effekt auf das Arbeitsangebot von Eltern ist folglich nicht festzustellen. Rund 77 % einer Kindergelderhöhung werden von den Familien für den Konsum verwendet, der Rest wird gespart. Pro 100,– € Kindergeld geben die Haushalte rund 14,– € mehr für die Miete aus. Für die einzelnen Ausgabeposten wie Unterhaltungselektronik finden sich keine signifikanten Effekte. Der Anteil an Rauchern steigt nicht. Männer, die rauchen, steigern ihren Zigarettenkonsum zwischen 1998 und 2006 um durchschnittlich vier Zigaretten pro Tag, seit 2008 ist keine derartige Steigerung mehr nachzuweisen. Die Häufigkeit, mit der Eltern Alkohol trinken, wird vom Kindergeld nicht beeinflusst. Kinder werden mit einer um fünf Prozentpunkte erhöhten Wahrscheinlichkeit außerhalb der Familie betreut, für die Jahre ab 2000 liegt dieser Effekt sogar bei zehn Prozentpunkten. Unter Sechsjährige nehmen außerdem mit einer um acht Prozentpunkte höheren Wahrscheinlichkeit am Kinderturnen teil. Die Wahrscheinlichkeit, an Musikerziehung teilzunehmen beziehungsweise ein Instrument zu erlernen, steigt für unter Sechsjährige um sieben und für Kinder zwischen sechs und 16 Jahren um elf Prozentpunkte.

Fazit

Eltern in einkommensschwachen Familien sehen sich mitunter dem Vorwurf ausgesetzt, sie würden für ihre Kinder gedachte Geldleistungen zweckentfremden, etwa für Unterhaltungselektronik, Alkohol oder Zigaretten. Diese Fälle kommen sicherlich vor, sie erhalten jedoch – weil sie plakativ sind und sich leicht medial zuspitzen lassen – mehr Aufmerksamkeit, als sie verdienen.

> Weder die bisherigen Studien noch unsere eigenen empirischen Analysen liefern Evidenz für eine massive Zweckentfremdung von Geldleistungen.

Familien mit geringem Einkommen sollten also nicht unter einen Generalverdacht gestellt werden. Es ist auch zweifelhaft, ob wirklich für alle Haushalte, die Arbeitslosengeld II, Wohngeld oder den Kinderzuschlag erhalten, ein Teil der Hilfe über die Sach- bzw. zweckgebundenen Geldleistungen des Bildungs- und Teilhabepakets erfolgen sollte. Die Zweckbindung begegnet zwar der Sorge, es käme zu Missbrauch, jedoch um den Preis sehr hoher Verwaltungskosten von 20–30 % der Ausgaben. Dieses Geld kommt definitiv nicht bei den Kindern an.

Literatur

Andresen, S./Galic, D. (2015): Kinder. Armut. Familie. Alltagsbewältigung und Wege zu wirksamer Unterstützung, Gütersloh.

Banerjee, A. V./Hanna, R./Kreindler, G. E./Olken, B. A. (2017): Debunking the Stereotype of the Lazy Welfare Recipient: Evidence from Cash Transfer Programs, in: The World Bank Research Observer 32.2, S. 155–184.

Diakonisches Werk der Ev.-luth. Landeskirche in Braunschweig e.V./Stiftung Braunschweigischer Kulturbesitz (Hrsg.) (2011): Wirksame Wege für Familien mit geringem Einkommen im Braunschweiger Land gestalten, Braunschweig, https://www.goe-bielefeld.de/download/Diakonisches_Werk_Wirksame_Wege_Broschuere.pdf (21. Mai 2019).

Evans, D. K./Popova, A. (2017): Cash Transfers and Temptation Goods, in: Economic Development and Cultural Change 65 (2), S. 189–221.

Haushofer, J./Shapiro, J. (2016): The Short-term Impact of Unconditional Cash Transfers to the Poor: Experimental Evidence from Kenya, in: The Quarterly Journal of Economics 131.4, S. 1973–2042.

Kirchmann, A./Kleimann, R./Schafstädt, C. (2014): Das Ausgabeverhalten von Familien und die subjektive Lage materiell armer Kinder in Baden-Württemberg. Forschungsprojekt im Auftrag der FamilienForschung Baden-Württemberg (FaFo) im Statistischen Landesamt, Tübingen.

Lowrey, A. (2018): Give People Money: the Simple Idea to Solve Inequality and Revolutionise our Lives, London.

Öchsner, T. (2016): Zu wenig Geld, zu viel Bürokratie, in: Süddeutsche Zeitung vom 7. April 2016, http://www.sueddeutsche.de/politik/hartz-iv-zu-wenig-geld-zuviel-buerokratie-1.2938695 (21. Mai 2019).

OECD – Organisation for Economic Co-operation and Development (2013): Comparing the Effectiveness and Efficiency of Family Cash Benefits and Services, Paris.

Sell, S. (2011): Teilhabe und Bildung als Sachleistungen: bisherige Erfahrungen mit Gutschein- und Chipkartensystemen, in: Archiv für Wissenschaft und Praxis der sozialen Arbeit 1/2011, S. 24–37.

SOFI/IAB – Soziologisches Forschungsinstitut/Institut für Arbeitsmarkt- und Berufsforschung (2016): Evaluation der bundesweiten Inanspruchnahme und Umsetzung der Leistungen für Bildung und Teilhabe. Schlussbericht, Göttingen/Nürnberg.

Stichnoth, H./Riedel, L./Camarero Garcia, S./Dörrenberg, P./Neisser, C./Ungerer, M./Wehrhöfer, N. (2018): Kommt das Geld bei den Kindern an?, Gütersloh.

Wagner, G. G./Frick, J. R./Schupp, J. (2007): The German Socio-Economic Panel Study (SOEP) – Scope, Evolution and Enhancements, in: Schmollers Jahrbuch 127 (1), S. 139–169.

Raimund Geene

Regulierung von Ungleichheitsverhältnissen: Wirkungen des Elterngelds und des Bildungs- und Teilhabepakets

In diesem Beitrag werden das 2007 eingeführte Elterngeld und das 2011 ins Zweite Buch Sozialgesetzbuch (SGB II) integrierte Bildungs- und Teilhabepaket analysiert. Es wird gezeigt, dass Maßnahmen zur Reduktion von Kinder- und Familienarmut Verarmungstendenzen verfestigen und verstärken können.

Von der „Infantilisierung der Armut" zur „Regulierung von Ungleichheitsverhältnissen"

Schon 1989 prägte Richard Hauser den Begriff der „Infantilisierung der Armut" (Hauser 1989). Christiane Dienel (2002), Schultze u.a. (2013) u.a. haben später aufgezeigt, dass es sich tatsächlich weniger um „Infantilisierung" als vielmehr um „Familiarisierung der Armut" handelt. Seit Beginn der Kongressreihe „Armut und Gesundheit" im Jahr 1995 sind auch die mit Armut verbundenen sozialen und gesundheitlichen Probleme von Kindern breit thematisiert worden (Rosenbrock 2015). Spätestens durch die Publikationen aus den KiGGS-Untersuchungen seit 2006 (z.B. Lampert u.a. 2010; 2015) sind diese Zusammenhänge einer breiten Öffentlichkeit zugänglich, und Armutsfolgen sind als wesentliche Determinanten der gesundheitlichen Entwicklung von Kindern, auch noch im weiteren Lebensverlauf, belegt (Holz 2018).

> Dass Kinder in Deutschland zu den Hauptbetroffenen der Folgen von Armut gehören, wird jedoch häufig nicht als gesellschaftliches, sondern als individuelles Problem betrachtet (Klundt 2017). Eine individualisierte Sichtweise aber verstärkt sogar noch die Folgen von Armut durch soziale Benachteiligung, Ausgrenzung, Unsicherheit sowie Beraubung individueller Entfaltungs- und Entwicklungsmöglichkeiten und in der Folge Belastungen der körperlichen und seelischen Gesundheit (Skutta 2011).

Insofern ist die verstärkte öffentliche Thematisierung von Kinder- und Familienarmut durchaus ambivalent zu sehen. Vielfach werden die Probleme nicht als Alarmsignale einer sozial auseinanderbrechenden Gesellschaft diskutiert, sondern immer wieder mit einer Verschiebung der Verantwortung auf die Eltern beantwortet, was diese noch mehr belastet (*victim blaming*) (Geene/Rosenbrock 2012).

Dies zeigt auch der wissenschaftliche Diskurs um soziale Determinanten, der hinsichtlich einer (prinzipiell angestrebten) Verbesserung der Lebenssituation von Belasteten nicht nur Nutzen, sondern auch Schaden bewirken kann.

So stellt Sebastian Kessler (2017) in seiner Analyse des Ungleichheitsdiskurses zwei Entwicklungen heraus: Soziale Ungleichheit als wissenschaftliches Konzept eröffnet etwa seit 1975 einen neuen Blick auf die Wirklichkeit. Es lassen sich dadurch gesellschaftliche Differenzen, z.B. von Krankheit und Tod, identifizieren und als Problem darstellen. Mit der politischen Aneignung dieses Konzeptes wird jedoch die Verantwortung von der gesamten Gesellschaft auf Institutionen wie die Sozialversicherungen oder auf die Einzelnen übertragen. Damit wird das Wissen über Ungleichheit zu einem Mittel, die Gesellschaft zu verwalten. Um Kostensteigerungen, z.B. im Sozial- und Gesundheitswesen, entgegenzuwirken, findet durch die Konstruktion des Wissens über Ungleichheit eine Regulierung des Lebens in den Ungleichheitsverhältnissen statt, wie Kessler (2017) in der Zusammenfassung seiner Studie schreibt.

Prof. Dr. Raimund Geene MPH lehrt Gesundheitsförderung an der Alice Salomon Hochschule Berlin und der Berlin School of Public Health. E-Mail: raimund.geene@charite.de

Mit diesem konzeptionellen Gedanken als Hintergrund werden nachfolgend die Einführung des Elterngeldes 2007 und – schwerpunktmäßig und basierend auf einer Studie – das 2011 eingeführte Bildungs- und Teilhabepakt (BuT) dargestellt und analysiert.

Regulierung und Normierung durch Elterngeld

Das Beispiel des 2007 eingeführten Elterngeldes zeigt, dass eine solche Regulierung keinesfalls immer darauf ausgerichtet ist, Familienarmut zu reduzieren und die soziale Situation der betroffenen Familien zu verbessern. Das Elterngeld verbessert zwar eindeutig die finanzielle Lage von (vormals) berufstätigen jungen Eltern, die durch eine staatliche Subvention von bis zu 1.800 € pro Monat im ersten Lebensjahr des Kindes gefördert werden. Dies ist eine wichtige Maßnahme gegen die zuvor bestehende „Armutsfalle Familiengründung", denn zu keinem Zeitpunkt im Lebensverlauf ist das Risiko, in Armut abzurutschen, so groß wie bei der Geburt des ersten Kindes (Schulze u.a. 2013). Hintergrund sind Einnahmeausfälle durch geringe Lohnarbeitsfähigkeit (Mutterschutz, Elternzeit) bei gleichzeitig erhöhtem Finanzbedarf für Erstausstattung, Babyversorgung und -pflege, Wohnraumversorgung etc. (Giesselmann u.a. 2018). Dies wird in den westdeutschen Bundesländern durch das Modell der Generationentransfers abgefedert, was jedoch auch hier wegen zunehmender sozialer Probleme immer weniger tragfähig ist. In Ostdeutschland ist es wegen der fehlenden Reichtumsakkumulation der Vorgängergeneration insgesamt ungeeignet. Dadurch stellt das Verarmungsrisiko Erstgeburt sogar ein besonderes Problem Ostdeutschlands dar (ausführlich u.a. Geene 2007; Butterwegge u.a. 2008; Geene/Gold 2009).

Insofern ist das Elterngeld durchaus eine Maßnahme zur Prävention von Familienarmut, aber ebenso zur Fertilitätsförderung von Angehörigen der sogenannten „Mittelschicht", deren Geburtenrate im Vergleich zu armutsbelasteten Frauen deutlich geringer ist. Dies gilt auch nach Einführung des Elterngeldes, wenngleich sich die Geburtenziffer von Mittelschichtangehörigen im Zuge der Elterngeldeinführung inzwischen erhöht hat. Es handelt sich beim Elterngeld insofern auch um eine Maßnahme, die Dienel (2009, 119) als „bevölkerungspolitisch" analysiert.

Dies zeigt sich auch in der Umkehrung, denn während die Elterngeldeinführung für Mittelschichtangehörige deutliche Verbesserungen mit sich brachte, führte sie zu massiven Leistungskürzungen bei sozial Benachteiligten. So hat sich für (werdende) Mütter bzw. Eltern, die bereits zuvor in Armut gelebt haben, die finanzielle Situation im Zuge der Einführung des Elterngeldes verschlechtert: Empfänger/innen von Transferleistungen (Arbeitslosengeld II), die vor 2007 insgesamt drei Jahre lang ein monatliches „Erziehungsgeld" von 300 € erhielten, haben diese 300 € unter dem neuen Label „Elterngeld" zunächst nur noch ein Jahr bzw. max. 14 Monate bekommen. Später wurde diese Kürzung um zwei Drittel des Leistungsumfangs sogar noch weiter verschärft, denn durch die Anrechnung des Elterngeldes (sowie des Kindergelds) auf die Transfermittel seit 2011 ist das Erziehungs- bzw. Elterngeld für sozial schlechter gestellte Eltern vollständig gestrichen.

> Die Bilanz der Einführung des Elterngeldes zur Frage der Regulierung lautet daher: Es kann als (mutmaßlich erfolgreiche) Maßnahme gegen die Sorgen vor einem Abstieg in Armut durch Familiengründung (*Prävention* von Familienarmut) angesehen werden. Hinsichtlich der *Bekämpfung* bereits bestehender (Kinder-) Armut zeigen sich eher konterkarierende Effekte, weil die Leistungsdauer für Menschen in SGB II-Bezug zunächst um zwei Drittel drastisch reduziert und später im Zuge der Anrechnung auf sonstige Leistungsbezüge komplett gestrichen wurde, was zu einer dramatischen Verschärfung der Armutslagen geführt hat (Klundt 2017).

Es ist erschreckend, wie wenig diese drastisch Armut verschärfenden Maßnahmen in das öffentliche Bewusstsein bzw. die veröffentlichte Meinung vorgedrungen sind.

Regulierung und Normierung durch das Bildungs- und Teilhabepaket

Ein weiteres Beispiel einer Regulierung von Ungleichheitsverhältnissen stellt die Einführung des Bildungs- und Teilhabepakets (BuT) dar. Diese erfolgte im April 2011 als Umsetzung eines Auftrags des Bundesverfassungsgerichts (BVerfG 2010), das soziokulturelle Existenzminimum für Kinder und Jugendliche in sachgerechter und transparenter Form zu regeln (Apel/Engels 2012). Dabei wurde jedoch nicht die – grundsätzlich naheliegende – Möglichkeit gewählt, die monatlichen Beträge für die Kinder zu berechnen und ihre Erhöhung an die Eltern auszuzahlen (Dehmer 2016). Vielmehr wurde eine eigenständige Förderbürokratie entwickelt, nach der eine bewilligte Leistung i.d.R. über Kostenerstattung erfolgt (Kaiser 2018). Es wurde erwartet, dass dadurch die Fördermittel tatsächlich bei den Kindern ankommen, anstatt von den Eltern möglicherweise zweckentfremdet zu werden – eine Einschätzung, die sich in Anbetracht der geringen Zahlen der Inanspruchnahme und den gleichzeitig hohen Bürokratiekosten (etwa ein Drittel der Gesamtmittel) als eindeutig fehlerhaft erwiesen hat (Aust u.a. 2018).

Mit der Einführung des BuT wurden gemäß § 28 Abs. 1 SGB II „Bedarfe für Bildung und Teilhabe am sozialen und kulturellen Leben in der Gemeinschaft [...] bei Kindern, Jugendlichen und jungen Erwachsenen neben dem Regelbedarf gesondert berücksichtigt“ mit dem Ziel, „durch zielgerichtete Leistungen eine stärkere Integration bedürftiger Kinder und Jugendlicher in die Gemeinschaft zu erreichen“ (Deutscher Bundestag 2010, 104). Anspruch auf Leistungen haben Kinder und Jugendliche (Schüler/innen) bis zur Vollendung des 25. Lebensjahres bzw. bei „Teilhabe am sozialen und kulturellen Leben“ bis zur Vollendung des 18. Lebensjahres, wobei neben dem SGB II-Bezug weitere auslösende Leistungsarten durch SGB XII, Kinderzuschlag, Asylbewerberleistungsgesetz sowie Wohnförderung bestehen.

Die Leistungsarten des BuT sind in die nachfolgenden sechs Teilbereiche unterteilt:

- ein- und mehrtägige Ausflüge und Fahrten in Kitas und Schulen,
- Ausstattung mit persönlichem Schulbedarf,
- Aufwendungen für die Schülerbeförderung,
- Lernförderung,
- gemeinschaftliche Mittagsverpflegung,
- Teilhabe am sozialen und kulturellen Leben in der Gemeinschaft.

Ergebnisse einer regionalen Studie zur Umsetzung des BuT

Um die genauen Mechanismen zu beschreiben und die Sichtweise der Nutzer/innen des BuT zu beleuchten, haben wir die Studie „Kinderarmut in Deutschland. Eine landkreisbezogene Analyse und Evaluation des Bildungs- und Teilhabepakets der Bundesregierung“ (Sterdt u.a. 2017) aufgelegt. Dafür wurden Daten im Landkreis Stendal erhoben und ausgewertet. Fördernde und hemmende Bedingungen für die Inanspruchnahme des Bildungspakets durch die leistungsberechtigten Familien sollten erschlossen und Handlungsempfehlungen für zukünftige Steuermechanismen abgeleitet werden. Diese sollten darauf ausgerichtet sein, die Inanspruchnahme zu erhöhen, um das verfügbare Geld effizienter an potenzielle Inanspruchnehmer/innen zur Reduktion der Kinderarmut zu verteilen. Als besondere Herausforderung stellte sich dabei heraus, neben individueller Inanspruchnahme auch setting- bzw. strukturbezogene Maßnahmen zu betrachten (Geene u.a. 2013).

Die explorative Befragungsstudie beruhte auf einem Mixed-Methods-Design aus quantitativen und qualitativen Methoden. Leistungsberechtigte Inanspruchnehmer/innen bzw. Nicht-Inanspruchnehmer/innen des Bildungspakets wurden zunächst in Nutzerinterviews mit halbstandardisierten Befragungsleitbogen mündlich, im zweiten Schritt mittels Fragebögen zu Informationsstand, Inanspruchnahme bzw. Gründen der Nicht-Inanspruchnahme, Zufriedenheit und Bewertung der Leistungen des Bildungspakets sowie Stigmatisierungssorgen quantitativ schriftlich befragt. Darüber hinaus wurden soziodemografische Angaben erhoben. Der Zugang erfolgte über eine persönliche Ansprache im Jobcenter Stendal. Zudem wurden Gruppendiskussionen mit Entscheidungsträger/innen des Jobcenters und des Sozialamtes durchgeführt. Dabei wurden Fragen der Angebotssicherung sowie der Prozess- und Strukturqualität der Leistungserbringung einschließlich Höhe, Form und Struktur der Finanzierung besprochen. Im Rahmen von leitfadengestützten Interviews mit Mitarbeiter/innen des Jobcenters Stendal aus unterschiedlichen Verantwortungsbereichen wurden fördernde und hemmende Faktoren bei der Implementierung und Umsetzung des BuT sowie des Inanspruchnahmeverhaltens erhoben. Schließlich wurden die Daten in zunächst fünf und später insgesamt acht studentischen Qualifikationsarbeiten (Bachelor- bzw. Masterarbeiten) ausgewertet bzw. mit ergänzenden Fragestellungen und Datenerhebungen (u.a. einzelne Leistungsarten, spezifische Settings und sozialräumliche Integration) bearbeitet (Sterdt u.a. 2017, 43 ff.). Die Ergebnisse dieser Erhebung werden nachfolgend in Kürze dargestellt.

Bereits bei Einführung des BuT zeigten sich konterkarierende Effekte, die von Kita- und Schulträgern bestätigt wurden. So wurden in der Stadt Stendal die zuvor gewährte pauschale städtische Subventionierung von Essensverpflegung in Kitas und Schulen eingestellt, da nur eine individuelle Kostenberechnung durch das BuT zuschussfähig ist – wo pauschal gefördert wird, gibt es auch keine BuT-Mittel. Auch andere Kommunen sowie Träger berichteten davon, dass ihre vormaligen Finanzierungen aus diesem Grund gestrichen wurden. Dies zeigte sich auch bundesweit: Das zuvor im Gesundheitsziel „Gesund aufwachsen" formulierte Ziel einer kostenfreien Bereitstellung von Mahlzeiten wurde durch die BuT-Einführung komplett unterlaufen (Geene u.a. 2015).

Die BuT-Leistungsart Schülerbeförderung kam nicht zum Tragen, da diese komplett durch das Land Sachsen-Anhalt übernommen wird. Aber auch hier gab es Diskussionen in der Landesregierung, ob diese Pauschalfinanzierung eingestellt werden solle, um BuT-Mittel über die Eltern vereinnahmen zu können (Sterdt u.a. 2017, 105).

Vielfach wurde von Konflikten auf Elternabenden berichtet, wenn Eltern ohne BuT-Anspruch bei der Beratung über Klassenreisen ihrer Kinder auf kostengünstige Fahrten orientierten, während leistungsberechtigte Eltern eher hochpreisige Angebote favorisierten. Lehrer/innen sowie Erzieher/innen zeigten sich deswegen sowie wegen diverser formaler und bürokratischer Anforderungen durch das BuT zusätzlich belastet, ebenso Anbieter/innen von Nachhilfeunterricht oder Kultur-, Sport- und Freizeitangeboten, etwa aus Musikschulen und Sportvereinen. Vertreter/innen der Kostenträger (Jobcenter und Sozialamt) zeigten sich hingegen enttäuscht darüber, dass kaum spezifische Angebote vorgehalten werden, was insgesamt die Umsetzung des Gestaltungsauftrages des BuT erschwere (Sterdt u.a. 2017, 106 ff.). Zudem wurde kritisiert, dass mit der Kostengrenze von 10 € pro Monat nun auch manche zuvor billigeren Angebote (z.B. Kindermitgliedschaften im Sportverein) verteuert worden seien.

Eine besondere Problematik zeigt sich durch die Verortung des BuT im SGB II. Auch wenn die im Projektzusammenhang beteiligten Leitungskräfte sowie die interviewten Sachbearbeiterinnen des Jobcenters grundsätzlich problembewusst und engagiert waren und Anträge nach ihren Angaben kurzfristig, d.h. innerhalb von zwei bis vier Wochen, bearbeiteten, erfolgte die Leistungserbringung (Beratung und Bescheidung) doch in gleicher Weise wie sonstige Anträge, die zunächst kritisch auf Anspruchberechtigung zu prüfen sind. Besonders problematisch ist die Situation von sogenannten „Aufstocker/innen", für die zunächst ein eigenes Stammblatt angelegt werden muss (Sterdt u.a. 2017, 69). Bei diesen – wie auch insgesamt bei anderen Leistungsempfänger/innen – bestand zudem vielfach die Sorge, wegen zukünftig höherer Einnahmen Rückzahlungen leisten zu müssen, was insgesamt zu einem „Klebeeffekt" (ebd., 70) führe, d.h. „dass die Eltern nachfolgend aus Sorge vor etwaigen Rückzahlungsverpflichtungen ihr Bemühen um Arbeitsaufnahme bzw. Gehaltsverbesserung einstellen" (ebd.).

Mit großer Verunsicherung wurde von allen Beteiligten die Frage der Stigmatisierung diskutiert. Zwar wurden dazu Maßnahmen ergriffen, beispielsweise Beschämungen für Kinder bei der Essensausgabe zu vermeiden. Insgesamt zeigte sich jedoch, dass Stigmatisierungseffekte bestenfalls gelindert werden können. Sie scheinen der BuT-Konstruktion prinzipiell immanent zu sein und können nur abgeschwächt, nicht aber komplett vermieden werden (ebd.).

Als erfolgreich galt bei den befragten Expert/innen und insgesamt nach unserer Studie vor allem die Umleitung von BuT-Finanzmitteln in die Schulsozialarbeit. Diese wurde damit begründet, dass Schulsozialarbeiter/innen Beratungsfunktionen zum BuT in Schulen übernehmen konnten und dadurch eine Verwendung anderweitig nicht genutzter Mittel gerechtfertigt sei. Dabei wurde jedoch mit großer Sorge betrachtet, dass Schulsozialarbeitsstellen längerfristig vakant seien, weil es sich hier nur um eine vorübergehende Zwischenfinanzierung handeln könne (ebd., 54 ff.). Inzwischen (2019) wird ein Großteil des Mittelbedarfs für die Schulsozialarbeit aus dem Landeshaushalt Sachsen-Anhalts übernommen.

Zur Vertiefung werden nachfolgend einzelne Ergebnisse der Fragebögenerhebung dargestellt.

Quantitative Auswertungen der Studienergebnisse

Es konnten 140 Inanspruchnehmer/innen (weiblich: n = 130, entspricht 93 %) und 110 Nicht-Inanspruchnehmer/innen (weiblich: n = 85, entspricht 77 %) von Leistungen des BuT quantitativ befragt werden. Zwischen den beiden Gruppen zeigten sich signifikante Unterschiede hinsichtlich Geschlecht (p =.001), Alter (p =.001) und Familienstand (p =.001). Neben einem höheren Anteil an Frauen waren die Inanspruchnehmer/innen im Durchschnitt älter und häufiger geschieden als die Nicht-Inanspruchnehmer/innen (siehe Tab. 1).

Untersuchungsgruppen		Gesamt	Inanspruchnehmer/innen	Nicht-Inanspruchnehmer/innen
	Ausprägung	% (N)	% (n)	% (n)
Geschlecht	weiblich	86,0 % (215)	92,9 % (130)	77,3 % (85)
	männlich	14,0 % (35)	7,1 % (10)	22,7 % (25)
Unterschiedsberechnung Chi²-Test			Chi² = 12,43; df = 1; p =.001	
Altersklassen	bis 20 Jahre	4,0 % (10)	0 % (0)	9,0 % (10)
	21–30 Jahre	41,4 % (103)	33,3 % (46)	51,4 % (57)
	31–40 Jahre	30,9 % (77)	37,0 % (51)	23,4 % (26)
	41–50 Jahre	20,5 % (51)	25,4 % (35)	14,4 % (16)
	über 50 Jahre	3,2 % (8)	4,3 % (6)	1,8 % (2)
Unterschiedsberechnung Chi²-Test			Chi² = 25,7; df = 4; p =.001	
Familienstand	ledig	53,4 % (133)	48,6 % (67)	59,5 % (66)
	verheiratet	19,7 % (49)	21,0 % (29)	18,0 % (20)
	geschieden	15,3 % (38)	23,9 % (33)	4,5 % (5)
	getrennt lebend	3,6 % (9)	2,9 % (4)	4,5 % (5)
	verwitwet	0,4 % (1)	0 % (0)	0,9 % (1)
	Lebensgemeinschaft	6,8 % (17)	2,2 % (3)	12,6 % (14)
	sonstiges	0,8 % (2)	1,4 % (2)	0 % (0)
Unterschiedsberechnung mittels Chi² Test			Chi² = 29,9; df = 6; p =.001	

Tab. 1: Soziodemografische Merkmale der Untersuchungsstichprobe: Geschlecht, Alter, Familienstand

Hinsichtlich der Inanspruchnahme von Leistungen durch die leistungsberechtigten Inanspruchnehmer/innen zeigte sich, dass 69 % Leistungen für eintägige Ausflüge, 71 % Leistungen für mehrtägige Ausflüge, 62 % Leistungen für ein gemeinschaftliches Mittagessen in der Schule oder Kita und 87 % Leistungen für den Schulbedarf beantragt hatten; nur 36 % nahmen Leistungen zur soziokulturellen Teilhabe und 16 % zur Lernförderung in Anspruch (siehe Abb. 1).

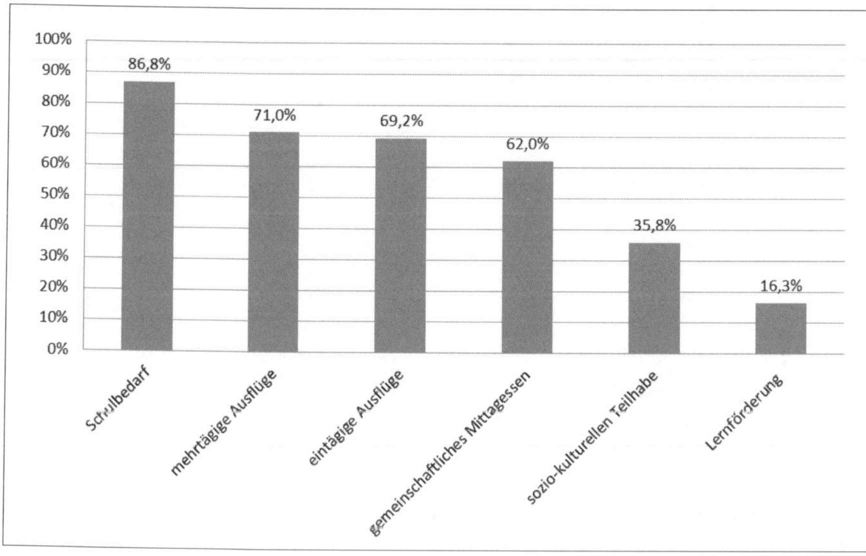

Abb. 1: Art der in Anspruch genommenen Leistungen (n = 104; Mehrfachantworten möglich)

Hinsichtlich der Gruppe der Nicht-Inanspruchnehmer/innen wurde ermittelt, dass 60 % von ihnen das BuT nicht bekannt war. Gründe für eine Nicht-Inanspruchnahme waren die fehlende Kenntnis über die Berechtigung, Leistungen beantragen zu können (59 %), gefolgt von fehlender Kenntnis von Angeboten, für die Leistungen beantragt werden können (z.B. Sportverein, 33 %), oder Unkenntnis über das eigene Beantragungsrecht (22 %). 20 % gaben an, keinen Bedarf an Leistungen aus dem Bildungspaket zu haben. Nur 1 % der Befragten führte an, dass kein Interesse an einer Antragstellung besteht, und 6 %, dass der Aufwand für die Antragstellung zu hoch sei (siehe Abb. 2; ausführlich: Sterdt u.a. 2017, 89 ff.).

Die Mitarbeiterinnen des Jobcenters benannten hingegen als wichtigste Gründe für die Nicht-Inanspruchnahme von Leistungen mangelndes Interesse sowie Bequemlichkeit der Leistungsberechtigten.

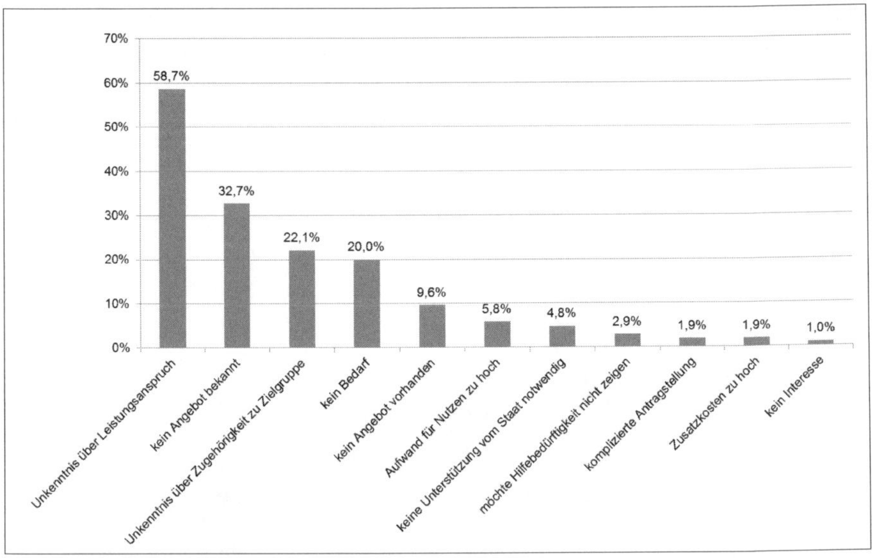

Abb. 2: Von den leistungsberechtigten Nicht-Inanspruchnehmer/innen benannte Gründe für die bisherige Nicht-Inanspruchnahme von BuT-Leistungen (n = 104; Mehrfachantworten möglich)

Die wichtigste Informationsquelle über das BuT war sowohl für die Inanspruchnehmer/innen als auch Nicht-Inanspruchnehmer/innen das Jobcenter, gefolgt von Medien wie Zeitung, Fernsehen und Radio.

Hinsichtlich der Stigmatisierungssorgen der Inanspruchnehmer/innen und Nicht-Inanspruchnehmer/innen zeigten sich signifikante Unterschiede (p =.001) zwischen den beiden Gruppen. So gaben 30 % der Inanspruchnehmer/innen an, dass es ihnen immer oder manchmal unangenehm ist, Leistungen des Bildungspakets zu beziehen, und 35 %, dass sie das Gefühl haben, abgestempelt zu werden. Dagegen geben nur 15 % der Nicht-Inanspruchnehmer/innen an, dass es ihnen unangenehm wäre, Leistungen aus dem Bildungspaket zu beziehen, und 18 %, dass sie das Gefühl hätten, abgestempelt zu werden (ausführlich: Sterdt u.a. 2017, 14 ff., 96 ff.).

Ergebnisse und Schlussfolgerungen aus der Regionalstudie

Der direkte Zugang zu den Anspruchsberechtigten über das Jobcenter erwies sich als erfolgreich. Anhand der Methodenkombination aus quantitativen Befragungen und qualitativen Interviews konnte ein detaillierter Einblick in die regionale Implementierung und das Inanspruchnahmeverhalten gewonnen werden. Aus den Ergebnissen konnten

Handlungsempfehlungen zur Optimierung von Verfahrensabläufen in Institutionen sowie zur Förderung settingbezogener Maßnahmen abgeleitet werden.

Dabei zeigt sich, dass das BuT im SGB II (statt z.B. SGB VIII) grundsätzlich falsch angesiedelt ist. Das antragsbasierte System erweist sich nicht nur als ineffektiv, sondern hat sogar kontrainduzierte Auswirkungen wie die angesprochenen „Klebeeffekte" und führt insgesamt zu einer hohen Nicht-Inanspruchnahme. Die soziokulturelle Teilhabe läuft insgesamt in die Leere: Die zur Verfügung gestellten Summen (10 bzw. ab August 2019 15 € pro Monat) sind nicht bedarfsdeckend und entsprechen nicht den Lebenswelten und -realitäten der Kinder und Jugendlichen. Das BuT stellt keinen infrastrukturellen Impuls dar, sondern bürokratisiert und schafft nicht intendierte Anreize.

Insgesamt erwiesen sich daher auch etwaige Handlungsoptionen für die lokalen Kostenträger/innen und Leistungserbringer/innen eher als Makulatur. Zwar wäre eine höhere Sensibilisierung gegenüber Stigmatisierungsgefahren wünschenswert. Gleichwohl zeigte sich, dass entsprechende Probleme weniger an den handelnden Subjekten liegen als vor allem an den zugrunde liegenden Strukturen, hier insbesondere die Einzelfall- statt Pauschalfinanzierung entsprechender Bedarfe und nachfolgend an der grundsätzlich falschen Verortung im SGB II.

> Im Jobcenter besteht häufig ein hohes Konfliktpotenzial bei der Beratung, insbesondere hinsichtlich der Integration des BuT in eine potenziell konfliktträchtige, widersprüchliche Antragskonstellation: Auf der einen Seite werden Leistungen zur Grundsicherung gekürzt, andererseits besteht die Möglichkeit, Leistungen des Bildungspaktes in Anspruch zu nehmen.

Eine umfassende Aufklärung sowie unbürokratische Kooperationen, z.B. mit Sportvereinen oder Musikschulen, in zentralen Settings wie Kita und Schule würden zwar eine niedrigschwellige Erreichbarkeit von Familien ermöglichen. Deutlich geeigneter wäre jedoch, die Mittel nicht einzelfallbezogen auszukehren, sondern als gezielte Angebotsfinanzierung insbesondere in sozial belasteten sowie regional unterversorgten Sozialräumen.

Überraschend ist, dass anhand der Ergebnisse vermutet werden kann, dass die Inanspruchnahme von Leistungen des Bildungspakets mit höheren Stigmatisierungssorgen einhergeht als deren Nicht-Inanspruchnahme. Eine erklärende Hypothese dazu besagt, dass die Nicht-Inanspruchnahme Teil einer Vorwegnahme verdrängter Diskriminierungssorgen sein könne, die tatsächlich ungleich höher sei, als sie angegeben werde (Sterdt 2017, 17 f.). Solche Opportunitätserwägungen sind häufig im Rahmen impliziter Vermeidungsstrategien bei sozial Benachteiligten zu beobachten und begründen das „Präventionsdilemma" (Bauer 2005), demzufolge Menschen umso weniger Leistungen in Anspruch nehmen, je mehr sie dieser aus normativer Sicht vermeintlich bedürfen. Ob aber eine breite Aufklärung der Bevölkerung dazu beitragen könnte, das Stigmatisierungsempfinden bei den Leistungsberechtigten zu verringern, muss nach Bilanz der hier dargestellten Regulation bezweifelt werden.

Im Windschatten des BuT, die nicht verausgabten Mitteln nutzend, wurde insbesondere in den Aufbaujahren in sozialraumorientierte Maßnahmen investiert, wie den Einsatz von Schulsozialarbeiter/innen. Dies war zumeist darüber legitimiert, dass sie Beratungsfunktionen zum BuT in Schulen übernehmen konnten, wenngleich dies immer nur eine eher geringfügige Teilfunktion der Schulsozialarbeit darstellt. Zumindest haben die Finanzierungen dazu beigetragen, dass Schulsozialarbeit heute eine breit akzeptierte und weitgehend flächendeckend von den Ländern getragene Angebotsstruktur darstellt, die einen wichtigen Beitrag zur Modernisierung des Bildungssystems und ihrer kommunalen Vernetzung leistet (Olk/Speck 2015). Die Implikationen der Schulsozialarbeit im Hinblick auf eine Ungleichheitsregulierung im Sinne des o.a. Grundgedankens dieses Beitrages bedürfte dabei jedoch einer eigenständigen Überprüfung und Analyse.

Ausblick

Insgesamt zeigt die Einführung sowohl des Elterngeldes als auch des BuT, dass Maßnahmen zur Reduktion von Kinder- und Familienarmut mit umfangreichen Regulierungs- und Normierungsaspekten einhergehen. Sie stellen keineswegs universelle Maßnahmen zur Armutsreduktion dar, sondern bewirken in vielen Aspekten eher Verfestigungen und Verstärkungen von Verarmungstendenzen.

Mit dem „Starke-Familien-Gesetz" werden ab dem 1. August 2019 einige bürokratische Erschwernisse des BuT abgebaut und Leistungen erhöht. So wird der Kinderzuschlag von max. 170 auf 185 €, der Zuschlag zu soziokultureller Teilhabe von 10 auf 15 € pro Monat, das Schulstarterpaket von 100 auf 150 € jährlich erhöht. Die Freibeträge werden erhöht, etwaige (spätere) Anrechnungen werden auf 45 % begrenzt. Durch Beratungspflicht und Globalanträge mit sechsmonatiger Laufzeit einer Bewilligung sollen Zugangsbarrieren und Stigmatisierungseffekte reduziert, die Bewilligung von Mittagessen, Bus- und Bahnticket sowie Lernförderung vereinfacht werden.

Auch wenn diese Maßnahmen – wie zu hoffen ist – die Inanspruchnahme und damit insgesamt die Finanztransfers an Familien in Armut erhöhen, verändern sie die grundsätzliche normative und regulierende Ausrichtung nicht, vielmehr werden das dysfunktionale System des BuT und die „Denkweise des Misstrauens" (Ahrens 2012) fortgeschrieben.

Gegensätzliche Politikstrategien mit empathischer Ausrichtung an den Armutsbetroffenen könnten darin liegen, verschiedene Leistungen in einer Kindergrundsicherung zu bündeln und stigmatisierungsfrei pauschal auszuzahlen. Finanzmittel könnten zudem gezielt sozialräumlich in die Ausgestaltung von Familienzentren und Angebote der Kinder- und Jugendarbeit in belasteten Regionen und Wohngegenden umgeleitet werden.

Auch im Bereich des Elterngeldes wären in diesem Sinne Leistungskürzungen und Anrechnungsregelungen aufzuheben und in sozialräumliche Strategien wie Familienzentren, Frühe Hilfen, Präventionsketten und Maßnahmen der familiären Gesundheitsförderung (Geene 2018) zu investieren. Dies könnte tatsächlich einen Paradigmenwechsel weg von der hier skizzierten Form der Normierung und Regulierung bedeuten.

Literatur

Ahrens, R. (2012): Nachhaltigkeit in der Familienpolitik, Wiesbaden.

Apel, H./Engels, D. (2012): Forschungsprojekt Bildung und Teilhabe von Kindern und Jugendlichen im unteren Einkommensbereich. Untersuchung der Implementationsphase des „Bildungs- und Teilhabepakets". Abschlussbericht, Berlin.

Aust, A./Dehmer, M./Rock, J./Schabram, G. (2018): Empirische Befunde zum Bildungs- und Teilhabepaket – Teilhabe im Fokus, Berlin, http://infothek.paritaet.org/pid/fachinfos.nsf/0/762fe53103a0226ec125830c0022e66b/$FILE/Paritaet.%20Expertise_4_2018_Bildungs-%20und%20Teilhabepaket.pdf (19. Juni 2019).

Bauer, U. (2005): Das Präventionsdilemma. Potenziale schulischer Kompetenzförderung im Spiegel sozialer Polarisierung, Wiesbaden.

Butterwegge, C./Klundt, M./Belke-Zeng, M. (2008): Kinderarmut in Ost- und Westdeutschland, Wiesbaden.

BVerfG – Bundesverfassungsgericht (2010): Pressemitteilung Nr. 5/2010 vom 9. Februar 2010. Urteil vom 9. Februar 2010 – 1 BvL 1/09, 1 BvL 3/09, 1 BvL 4/09 – Regelleistungen nach SGB II („Hartz IV-Gesetz") nicht verfassungsgemäß, http://www.bverfg.de/pressemitteilungen/bvg10-005 (18. Mai 2019).

Dehmer, M. (2016): Fünf Jahre Bildungs- und Teilhabepaket: Kein Grund zu feiern, in: SW Sozialwirtschaft 26.4, S. 22 f.

Deutscher Bundestag (2010): Gesetzentwurf der Fraktionen der CDU/CSU und FDP. Entwurf eines Gesetzes zur Ermittlung von Regelbedarfen und zur Änderung des Zweiten und Zwölften Buches Sozialgesetzbuch. Drucksache 17/3404, http://dip21.bundestag.de/dip21/btd/17/034/1703404.pdf (15. Juni 2016).

Dienel, C. (2002): Familienpolitik. Eine praxisorientierte Gesamtdarstellung der Handlungsfelder und Probleme, Weinheim.

Dienel, C. (2009): Familienpolitik in alternden Gesellschaften, in: Luber, E./Hungerland, B. (Hrsg.): Angewandte Kindheitswissenschaften. Eine Einführung für Studium und Praxis, Weinheim, S. 110–133.

Geene, R. (2007): Kinderarmut in Ost- und Westdeutschland, in: Friedrich Ebert-Stiftung (Hrsg): Kinderarmut in Deutschland, Magdeburg, S. 46–73.

Geene, R. (2018): Familiäre Gesundheitsförderung, in: Bundesgesundheitsblatt-Gesundheitsforschung-Gesundheitsschutz, 61(10), S. 1289–1299.

Geene, R./Gold, C. (Hrsg.) (2009): Kinderarmut und Kindergesundheit, Bern.

Geene, R./Lehmann, F./Höppner, C./Rosenbrock, R. (2013): Gesundheitsförderung – Eine Strategie für Ressourcen, in: Geene, R./Höppner, C./Lehmann, F. (Hrsg.): Kinder stark machen: Ressourcen, Resilienz, Respekt, Bad Gandersheim, S. 19–58.

Geene, R./Rosenbrock, R. (2012): Der Settingansatz in der Gesundheitsförderung mit Kindern und Jugendlichen, in: Gold, C./Lehmann, F. (Hrsg.): Gesundes Aufwachsen für alle! Anregungen und Handlungshinweise für die Gesundheitsförderung bei sozial benachteiligten Kindern, Jugendlichen und ihren Familien. Gesundheitsförderung konkret, Band 17, Köln, S. 46–75.

Geene, R./Kliche, T./Borkowski, S. (2015): Gesund aufwachsen: Lebenskompetenz, Bewegung, Ernährung im Setting Kita. Erfolgsabschätzung der Gesundheitsziele im Setting Kita und Ableitung eines Evaluationskonzepts. Expertise im Auftrag des Kooperationsverbundes gesundheitsziele.de, Köln.

Giesselmann, M./Golsch, K./Lohmann, H./Schmidt-Catran, A. (Hrsg.) (2018): Lebensbedingungen in Deutschland in der Längsschnittperspektive, Wiesbaden.

Hauser, R. (1989): Entwicklungstendenzen der Armut in der Bundesrepublik Deutschland, in: Döring, D./ Hauser, R. (Hrsg.): Politische Kultur und Sozialpolitik, Frankfurt a.M., S. 117–145.

Holz, G. (2018): Kinderarmut und familienbezogene soziale Dienstleistungen, in: Huster, E.-U./Boeckh, J./ Mogge-Grotjahn, H. (Hrsg.): Handbuch Armut und soziale Ausgrenzung, 3. Aufl., Wiesbaden, S. 687–716.

Kaiser, L. C. (2018): Das Bildungs- und Teilhabepaket: Eine Miss-/Erfolgsstory?, in: Kaiser, L. (Hrsg): Soziale Sicherung im Umbruch, Wiesbaden, https://doi.org/10.1007/978-3-658-06502-7_7 (19. Juni 2019).

Kessler, S. (2017): Die Verwaltung sozialer Benachteiligung. Zur Konstruktion sozialer Ungleichheit in der Gesundheit in Deutschland, Wiesbaden.

Klundt, M. (2017): Kinderpolitik – eine Einführung in Praxisfelder und Probleme, Weinheim.

Lampert, T./Hagen, C./Heizman, B. (2010): Gesundheitliche Ungleichheit bei Kindern und Jugendlichen in Deutschland. Beiträge zur Gesundheitsberichterstattung des Bundes, Berlin.

Lampert, T./Kuntz, B./KiGGS Study Group (2015): Gesund aufwachsen – Welche Bedeutung kommt dem sozialen Status zu? GBE kompakt 6(1), S. 1–22, http://www.rki.de/DE/Content/Gesundheitsmonitoring/Gesundheitsberichterstattung/GBEDownloadsK/2015_1_gesund_aufwachsen.pdf?__blob=publicationFile (13. Juni 2019).

Olk, T./Speck, K. (2015): Schulsozialarbeit in Deutschland, in: Schulsozialarbeit, S. 13.

Rosenbrock, R. (2015): Rede zur Eröffnung auf dem 20. Kongress „Armut und Gesundheit“ am 05.03. 2015 in der TU Berlin, in: Das Gesundheitswesen 77.06, S. 392–394.

Schulze, R./Richter-Kornweitz, A./Klundt, M./Geene, R. (2013): Kinderarmutsforschung im Wandel, in: Geene, R./Höppner, C./Lehmann, F. (Hrsg.): Kinder stark machen. Ressourcen, Resilienz, Respekt, Bad Gandersheim, S. 327–360.

Skutta, S. (2011): Kinderarmut – oder was ein Fahrrad mit der Würde des Kindes zu tun hat, in: Frühe Kindheit: die ersten sechs Jahre, 14, S. 30–35, http://liga-kind.de/fk-511-skutta/ (15. Juni 2019).

Sterdt, E./Geene, R./Morfeld, M. (2017): Kinderarmut in Deutschland – Das Bildungs- und Teilhabepaket. Evaluation der Umsetzung am Beispiel des Landkreises Stendal, Kronach.

Romy Ahner

Der Weg aus dem Leistungsdschungel? Konzepte für eine Kindergrundsicherung

Die Diskussion um eine Kindergrundsicherung als umfassende Reform des Systems monetärer Leistungen wird derzeit intensiv geführt. Sowohl auf fachlicher als auch politischer Ebene befassen sich immer mehr Akteure mit vorhandenen Konzepten bzw. entwickeln eigene (weiter). Aktuell beschäftigt sich auch eine Arbeitsgruppe der Konferenz der Ministerinnen und Minister, Senatorinnen und Senatoren für Arbeit und Soziales (ASMK) intensiv mit der Entwicklung eines Grobkonzepts für die Ausgestaltung einer Kindergrundsicherung. Dabei ist neben der Vereinfachung, der Erhöhung von Transparenz sowie dem Abbau von im derzeitigen System bestehenden Ungerechtigkeiten und Widersprüchlichkeiten insbesondere die Bekämpfung von Kinderarmut ein zentrales Ziel der Überlegungen einer solchen grundlegenden materiellen Absicherung von Kindern.

Kritik am derzeitigen System

Das derzeitige System monetärer Leistungen für Familien und Kinder wird seit vielen Jahren v.a. hinsichtlich der Vielzahl nebeneinander bestehender Leistungen und Systeme sowie der Wirksamkeit bzw. Zielgenauigkeit der Leistungen kritisiert. Bereits der Siebte Familienbericht forderte eine konsistente Gesamtstrategie, die die Lebensumstände und -situationen der Familien realitätsgerecht berücksichtigt (BMFSFJ 2006, 262). Dort wurde darauf hingewiesen, dass die staatlichen finanziellen Maßnahmen beispielsweise zur Bekämpfung der Kinderarmut, der Vereinbarkeit von Familien- und Erwerbsleben und der Integration von Kindern aus benachteiligten Familien nicht erfolgreich seien. Zudem verwirklichten sie nur partiell das Ziel einer horizontalen Gerechtigkeit (d.h. in Bezug auf die steuerliche Behandlung von einkommensgleichen Familien mit bzw. ohne Kinder). Die einzelnen Maßnahmen hätten jeweils unterschiedliche Anspruchsvoraussetzungen, seien nicht kohärent aufeinander bezogen und würden aus verschiedenen Quellen finanziert (Steuergelder des Bundes, der Länder und der Kommunen, Sozialversicherungsträger usw.; BMFSFJ 2006, 56 f., 262 ff.). Diese Einschätzung wird grundsätzlich nach wie vor als zutreffend angesehen.

Das derzeitige System zeichnet sich noch immer durch eine Vielzahl an Leistungen aus, die in ihrer Gesamtheit kein widerspruchsfreies Gesamtsystem ausmachen; vielmehr ist es sehr kompliziert und intransparent. Beim Zusammentreffen einzelner, über die Jahre isoliert neu eingeführter bzw. reformierter Leistungen aus verschiedenen Systemen kommt es vielfach beispielsweise aufgrund unterschiedlicher Definitionen und Bemessungsgrundlagen und -methoden sowie der jeweils eigenen Systematiken und Ziele zu Inkonsistenzen. Diese Schnittstellen sind oftmals nicht bewusst gestaltet und verursachen vielseitige, teils gewollte, teils nicht beabsichtigte Wechselwirkungen (vgl. insbesondere Ott u.a. 2012). Dies führt zu Gerechtigkeitsproblemen (ebd.; Deutscher Verein 2013), enormem bürokratischen Aufwand einerseits für die Anspruchsberechtigten und andererseits für die zuständigen Behörden[1] sowie teils sehr hohen Transferentzugsraten[2].

Umfassende Ergebnisse insbesondere zur Wirksamkeit einiger zentraler familienpolitischer Leistungen wurden im Rahmen der Gesamtevaluation ehe- und familienbezogener Leistungen vorgelegt (Prognos 2014). Danach wird die Armutsrisikoquote im Status quo durch sozialpolitische und familienbezogene Leistungen für alle Haushalte von 25 % auf 16 % reduziert (ebd., 102). Bezogen auf das Ziel der wirtschaftlichen Stabilität und sozialen Teilhabe von Familien wird ausgeführt, dass die Subventionierung der Kinderbetreuung und das Kindergeld besonders wirksam, Kinderzuschlag, Unterhaltsvorschuss und kindbezogener Anteil am Wohngeld besonders effizient sind (ebd., 378 f.). Allerdings würden durch Kindergeld und Kinderfreibeträge im Steuerrecht Familien mit mittleren und hohen Einkommen finanziell spürbar besser gestellt, während Familien mit geringen Einkommen aufgrund der Anrechnung auf das Arbeitslosengeld II ihre Einkommensposition durch das Kindergeld im Durchschnitt nur geringfügig verbessern könnten (ebd., 376).

Dr. Romy Ahner
ist wiss. Referentin im Deutschen Verein für öffentliche und private Fürsorge e.V. Berlin. E-Mail: ahner@deutscher-verein.de

An diesem dualen System von Kindergeld und Kinderfreibeträgen und damit einem zentralen Instrument des derzeitigen Systems entzündet sich ein wesentlicher Teil der Kritik am Status quo. Als problematisch wird hier insbesondere die Vermischung von Steuerrecht und Familienförderung gesehen. Oftmals werden die maximalen Beträge von Kindergeld (ab Juli 2019 204 € für das erste Kind) und Steuerentlastung (ca. 300 €) gegenübergestellt und kritisiert, dass der Staat Kinder reicher Eltern stärker als Kinder einkommensschwacher Kinder fördere. Tatsächlich erfüllt das Kindergeld – in Abhängigkeit vom Einkommen der Eltern – unterschiedliche Funktionen: Während es für Familien mit

1 Vgl. hierzu bspw. die Diskussion um den Parallelbezug von Leistungen nach dem Unterhaltsvorschussgesetz (UVG) und dem SGB II; siehe hierzu Bericht des Bundesrechnungshofes nach § 99 BHO über den Vollzugsaufwand bei der Gewährung von Unterhaltsvorschuss und Wohngeld an Kinder mit Anspruch auf Leistungen der Grundsicherung für Arbeitsuchende vom 17. Juni 2012 sowie Neuordnung der Leistungen nach dem Unterhaltsvorschussgesetz zu denen der Grundsicherung für Arbeitssuchende, Auswirkungen auf den Erfüllungsaufwand durch eine mögliche Regelungsänderung, August 2016, www.destatis.de.

2 Vgl. hierzu zuletzt die Auswirkungen der UVG-Reform für Alleinerziehende mit Kindern über zwölf Jahren, bei denen die Ausweitung des UVG im Ergebnis zu einer Senkung des Haushaltseinkommens führte, siehe hierzu insbesondere Stöwhase 2018, Preidel 2018 sowie die teilweise Behebung dieser Problematik durch das Starke-Familien-Gesetz.

höherem Einkommen schlicht der Freistellung des steuerlichen Existenzminimums des Kindes dient und konkret die Rückzahlung zunächst zu viel gezahlter Steuern bedeutet, entfaltet es bei Familien im Sozialleistungsbezug aufgrund der Anrechnung existenzsichernde Wirkung. Familienförderung im eigentlichen Sinne erhalten nur Familien, die keine Grundsicherungsleistungen erhalten, deren Einkommen aber so gering ist, dass die Steuerrückzahlung geringer ist als das Kindergeld (vgl. Deutscher Verein 2013). Somit ist das Kindergeld zwar eine überaus bekannte und geschätzte Leistung (Prognos 2014, 57 ff.) und weist u.a. mit der einmaligen, unkomplizierten Beantragung, der automatischen, zuverlässigen Auszahlung in planbarer Höhe sowie der automatischen Günstigerprüfung auch einige Vorteile auf. Die tatsächliche Funktionenvielfalt dürfte den meisten Bezieher/innen jedoch eher unbekannt sein.[3]

Der Koalitionsvertrag der aktuellen Regierung hat nunmehr die Bekämpfung von Kinderarmut explizit als Thema benannt (Koalitionsvertrag 2018). Er hebt u.a. die Stärkung und Entlastung von Familien und auch die stärkere Transparenz familienpolitischer Leistungen als Ziele hervor und sieht neben der Erhöhung von Kindergeld und Steuerfreibeträgen ein Maßnahmenpaket zur Bekämpfung der Kinderarmut vor. Insbesondere mit dem Starke-Familien-Gesetz (BGBl, Nr. 16 vom 3. Mai 2019) sind inzwischen sicherlich wichtige Schritte zur Umsetzung der festgehaltenen Ziele in Angriff genommen worden. Auch haben zuletzt vorgenommene Reformen zu einer systematischeren Verknüpfung zwischen den Systemen der monetären Unterstützung geführt.[4] Allerdings bleiben diese nach wie vor im bestehenden, komplexen System und sind von dem vom Deutschen Verein geforderten konsistenten Gesamtkonzept zur Unterstützung von Familien und Kindern noch deutlich entfernt.

Die Grundidee einer Kindergrundsicherung

Derzeit wird vielerorts an Konzepten einer Kindergrundsicherung gearbeitet bzw. vorhandene Konzepte werden konkretisiert, um die Probleme des derzeitigen Systems im Rahmen einer grundlegenden Reform zu überwinden: Vgl. hierzu insbesondere das Konzept des Bündnisses Kindergrundsicherung (2019) sowie weitere Konzepte für eine Reform des derzeitigen dualen Systems wie Diakonie Deutschland 2013, Familienbund der Katholiken 2018, Becker 2012, Bertelsmann Stiftung 2017, Bruckmeier u.a. 2018, Deutscher Gewerkschaftsbund 2017. Auf politischer Ebene liegen Konzepte von Bündnis 90/Die Grünen (2019), der SPD (2019), der FDP (vgl. BT-Drs. 19/7692) und der

3 Inwieweit dies für sich genommen ein Problem darstellen muss, kann möglicherweise diskutiert werden. Allerdings hat das BVerfG bereits in seiner Entscheidung aus 2003 kritisch hinterfragt, inwieweit die das Kindergeld betreffenden Regelungen in ihrer sozial-, steuer- und familienrechtlichen Verflechtung noch dem Grundsatz von Normenklarheit entsprechen, BVerfGE vom 9. April 2003, 1 BvL 1/01.

4 Vgl. Anbindung des Mindestunterhalts an das sächliche Existenzminimum durch Reform des Unterhaltsrechts 2015 (vgl. Stellungnahme des Deutschen Vereins zum Referentenentwurf eines Gesetzes zur Änderung des Unterhaltsrechts und des Unterhaltsverfahrensrechts vom 16. Juni 2015) sowie zuletzt Verknüpfung von Höchstbetrag Kinderzuschlag (und BuT-Leistungen sowie Kindergeld) mit sächlichem Existenzminimum i.Rd. Starke-Familien-Gesetz.

LINKEN (o.J.) vor; vgl. ebenso den Diskussionsprozess auf Länderebene im Rahmen der AG „Einführung einer Kindergrundsicherung" der ASMK (ASMK 2018, TOP 5.19).

Als Ziele einer solchen neuen finanziellen Absicherung von Kindern werden im Wesentlichen der Abbau von Ungerechtigkeiten, die Sicherstellung des sächlichen und soziokulturellen Existenzminimums für alle Kinder, die Erhöhung der Inanspruchnahme von Leistungen, die Vereinfachung und Reduzierung des Aufwandes insbesondere für die Familien benannt. Sie soll aber auch den Abbau von Verwaltungsaufwand, eine höhere Transparenz der Leistungen und insgesamt vor allem auch die Bekämpfung von Kinderarmut und damit die stärkere Unterstützung von Kindern und Familien mit geringem Einkommen bewirken. Wenngleich alle Akteure – wenn auch mit teils unterschiedlicher Gewichtung – von den gleichen Zielstellungen angetrieben werden, ist die Umsetzung im Detail dann doch sehr facettenreich (vgl. Gerlach/Heddendorp 2016; Becker 2018). Ziel der folgenden Aufstellung kann daher nicht die umfassende Darstellung und Gegenüberstellung der einzelnen Konzepte sein. Hierzu muss auf die o.g. Vorschläge der Akteure verwiesen werden. Vielmehr soll überblicksartig anhand einzelner zu bestimmender Parameter auf maßgebliche Entscheidungspunkte und unterschiedliche Lösungsmöglichkeiten hingewiesen werden.

Idee der Kindergrundsicherung ist die eigenständige finanzielle Absicherung von Kindern durch die Zusammenführung von derzeit bestehenden kindbezogenen Einzelleistungen zu einer (einheitlichen) Leistung, um so jedem Kind zumindest das sächliche sowie das soziokulturelle Existenzminimum zu gewähren. Damit sollen Kinder aus dem System des Zweiten Buchs Sozialgesetzbuch (SGB II) und der Bedarfsgemeinschaft herausgelöst werden. Diesem Gedanken folgend und konsequent weiterführend sehen die meisten Konzepte die Anspruchsinhaberschaft beim Kind.

Der zentrale Ansatzpunkt ist die Bündelung von kindbezogenen Leistungen zu einer einheitlichen Leistung. Mithin sollen möglichst alle (pauschal bemessenen) Leistungen einbezogen und durch diese neue Leistung ersetzt werden. Von einer Neugestaltung sollen in den meisten Fällen das Kindergeld, der Kinderzuschlag, die Regelsätze für Kinder sowie pauschalierbare Leistungen für Bildung und Teilhabe umfasst sein. Unterschiede zwischen den Konzepten ergeben sich im Detail, etwa was die Einbeziehung beispielsweise des Unterhaltsvorschusses, der Wohnkosten(-pauschalen) oder auch der steuerlichen Kinderfreibeträge betrifft. Sonder- und Mehrbedarfe (beispielsweise aufgrund von Krankheit oder Behinderung) werden grundsätzlich weiterhin zusätzlich nach individuellem Bedarf zu zahlen sein.

Ein weiterer Grundgedanke ist, dass grundsätzlich für jedes Kind zumindest das sächliche und soziokulturelle Existenzminimum gewährleistet werden muss. Anknüpfungspunkt oder zumindest Orientierungspunkt hierfür ist bei den meisten Modellen, zumindest in Ermangelung aktueller Alternativen, vom Grundsatz her der Existenzminimumbericht und das dort bezifferte sächliche und soziokulturelle Existenzminimum für

Kinder. Je nach konkreter Anbindung und direkter oder eingeschränkter Verknüpfung gestaltet sich die Höhe der Kindergrundsicherung durchaus unterschiedlich. Zudem können und sollen Kinder aus Gründen des verfassungsrechtlich gebotenen Familienlasten- und -leistungsausgleichs sowie sozialpolitischer Verteilungserfordernisse nicht völlig losgelöst von ihrem Familienkontext betrachtet werden. Das elterliche Einkommen spielt daher bei der Mehrheit der Konzepte eine Rolle. Auf welchem Weg diese Einkommensberücksichtigung insbesondere auch angesichts der in der Mehrzahl der Fälle befürworteten Anspruchsinhaberschaft des Kindes umgesetzt werden kann, wird unterschiedlich beantwortet. So kommt es zu jeweils unterschiedlichen Auszahlungsbeträgen durch Abschmelzen bzw. Versteuerung der Leistung, Sockel-/Basis-/Garantie- und Flex-/Zusatzbeträge, Berücksichtigung des Einkommens der Eltern im Rahmen der Finanzierung usw.

Eine wesentliche Frage, die eigentlich vorgeschaltet ist und in zumindest dem Großteil der Konzepte auch aufgeworfen wird, ist die Frage nach der Bemessungsgrundlage der Leistung. Hier besteht wohl weitgehend Konsens dahingehend, dass die derzeitige Ermittlung des Existenzminimums von Kindern unzureichend ist und die tatsächlichen Bedarfe eines Kindes nicht hinreichend abbilden kann (vgl. insbesondere Becker 2016). Die aktuellen Regelsätze im SGB II und XII sind als Grundlage für eine Neujustierung im Sinne eines einheitlichen, nachvollziehbar und bedarfsgerecht berechneten Existenzminimums ungeeignet. Neben den grundsätzlichen Kritikpunkten an der Regelbedarfsermittlung gibt es insbesondere für die Bemessung des soziokulturellen Existenzminimums von minderjährigen Haushaltsangehörigen aus Daten der Einkommens- und Verbrauchsstichprobe (EVS) derzeit noch kein schlüssiges und konsistentes Verfahren, das auch den Bedarf zur Sicherung sozialer Integration erfasst (vgl. Deutscher Verein 2013).

Um eine realitätsgerechte und angemessene Ermittlung des Kinderexistenzminimums zu erzielen, wird daher zumindest die entsprechende Weiterentwicklung der EVS gefordert. Weitergehende Forderungen gehen zumindest perspektivisch in Richtung einer neuen, kontinuierlichen Bedarfserhebung bzw. einer grundlegenden Neuermittlung der Bedarfe für Kinder und Jugendliche unter deren ausdrücklichen Einbeziehung. Sie halten hierfür die Einsetzung einer Expertenkommission für sinnvoll und die Orientierung an einem guten Aufwachsen bzw. an der Mitte der Gesellschaft statt am Existenzminimum für notwendig (vgl. bspw. Bertelsmann Stiftung 2017; Bündnis 90/Die Grünen 2019; vgl. auch Diakonie Deutschland 2013, Fn. 38).

Wesentlich für den Erfolg bzw. die Wirksamkeit einer Kindergrundsicherung ist schließlich die Frage der technischen Umsetzung. Ziel ist es, mit möglichst nur einem Antrag alle wesentlichen Leistungen aus einer Hand zu erhalten. Wie dies konkret gestaltet und an welcher Stelle es angesiedelt wird und ob dies tatsächlich zu einem bedeutsamen Rückgang des Verwaltungsaufwands führen kann, wird durch die einzelnen Konzepte sehr unterschiedlich beleuchtet. Ebenso wie auf die Frage der Finanzierung einer solchen neuen Leistung muss besonderes Augenmerk auf den Punkt der Umsetzung und Organisation gelegt werden.

Offene Fragen

Tatsächlich stehen die Überlegungen zu einer umfassenden Reform des derzeitigen Systems neben der Finanzierbarkeit und Organisation/Umsetzung noch vor weiteren Herausforderungen, die in den einzelnen Konzepten in unterschiedlichem Umfang diskutiert werden. Einige dieser „Knackpunkte" sollen abschließend angerissen werden.[5]

Relativ komplex gestaltet sich die Frage der Sicherstellung der Unterkunftskosten. Vielfach soll – wie auch im derzeitigen Existenzminimum – eine Pauschale für den kindbedingten Anteil der Unterkunftskosten in der Kindergrundsicherung enthalten sein. Auch wenn nach der Grundidee der Kindergrundsicherung eine möglichst weitgehende Bündelung der verschiedenen Leistungen in einer Leistung wünschenswert ist, bleibt die bedarfsgerechte und angemessene Umsetzung im Bereich der Wohnkosten in diesem Rahmen insbesondere im Hinblick auf die bundesweit stark variierenden Höhen fraglich. Dementsprechend sehen verschiedene Konzepte vor, dass ein über die Pauschale hinausgehender kindbezogener Wohnbedarf nach wie vor über Mehrbedarfe bzw. die Kosten der Unterkunft oder Wohngeld o.Ä. (des Kindes oder der Eltern) abzudecken sein wird. An dieser Stelle zeigt sich deutlich ein Konflikt zwischen einer Verringerung des Antragsaufwands einerseits und der Anzahl parallel bezogener Leistungen (durch Geltendmachung des Mehrbedarfs oder gar des gesamten Bedarfs an kindbezogenen Unterkunftskosten über die Eltern) und einer systematisch sauberen Zuordnung und eigenständigen Absicherung des Kindes (durch Geltendmachung der Wohnkosten im Rahmen der Kindergrundsicherung und ggf. Mehrbedarfe des Kindes) andererseits.

Anspruchsvoll ist zudem die gute Gestaltung der Schnittstellen insbesondere zum Steuerrecht und Unterhaltsrecht. Bezüglich der Schnittstelle zum Steuerrecht ist ein wesentlicher Punkt, in dem sich die Vorschläge unterscheiden, ob die derzeitigen steuerlichen Kinderfreibeträge neben einer neuen Leistung beibehalten werden sollen und ggf. auch müssen (vgl. z.B. Bertelsmann Stiftung 2017; Familienbund der Katholiken 2018) oder ob diese wegfallen bzw. jedenfalls im Ergebnis in der Kindergrundsicherung aufgehen sollen (Bündnis Kindergrundsicherung; Bündnis 90/Die Grünen).

Bei der Gestaltung dieser Schnittstelle sollte einerseits besonders auf das grundgesetzliche und bereits vom Bundesverfassungsgericht angemahnte Gebot der Normenklarheit (BVerfGE vom 9. April 2003, 1 BvL 1/01) und andererseits insgesamt auf die Auswirkungen und ggf. notwendigen Anpassungs- und Reformbedarfe beim Steuerrecht geachtet werden.

5 Weitere Fragen, die durch die verschiedenen Konzepte unterschiedlich beantwortet werden, sind u.a. Altersstaffelung und Staffelung nach Kinderzahl, das Verhältnis zu BAföG und BAB, die Schnittstelle zum SGB II und zur Bedarfsgemeinschaft der Eltern.

Eine weitere komplexe Schnittstelle ist die zwischen Kindergrundsicherung und Unterhaltsrecht. Durch das Konzept einer Kindergrundsicherung sollen die elterlichen Rechte und Pflichten nicht eingeschränkt und insbesondere die unterhaltsrechtliche Verantwortung nicht obsolet werden. Insoweit ist das Verhältnis Kindergrundsicherung und Unterhalt intensiv zu diskutieren. Dabei sind durch Trennung/Scheidung entstehende Mehrbedarfe ebenso zu berücksichtigen wie eine möglichst transparente Gestaltung der Zahlungsströme. Schließlich sollte auch die Frage der Einbeziehung des Unterhaltsvorschusses mit Bedacht und unter Berücksichtigung der Zielsetzungen des UVG diskutiert werden. Die Verflechtung von Unterhaltsrecht und Existenzminimum sowie darauf fußendem Kindergeld bzw. dann Kindergrundsicherung zeigt sich nicht zuletzt auch darin, dass eine höhere Bemessung des Existenzminimums auch zu einer Anhebung des Mindestunterhalts führt. Nicht nur in dieser Hinsicht sollte die Einkommenssituation der Eltern ganz klar im Blick behalten werden.

Diskussion im Deutschen Verein für öffentliche und private Fürsorge e.V.

Auch der Deutsche Verein für öffentliche und private Fürsorge e.V. diskutiert Reformbedarfe und -ideen im Bereich der monetären Absicherung von Kindern. Nachdem bereits in den Jahren 2003 bis 2005 intensiv an einem konkreten Konzept der Neuausrichtung der Familienförderung in Deutschland gearbeitet worden ist, wurde das Thema der monetären Absicherung mit dem Eckpunktepapier für die Weiterentwicklung des Systems monetärer Unterstützung von Familien und Kindern wieder aufgegriffen (Deutscher Verein 2013). In einem ersten grundlegenden Schritt wurden familienpolitische Ziele definiert, die für den Bereich monetärer Unterstützung von Familien wesentlich sind. So sollte sich ein modernes, Familien förderndes System monetärer Leistungen darauf konzentrieren, dass (1) alle Familien und vor allem alle Kinder in materieller Sicherheit aufwachsen bzw. leben und am gesellschaftlichen Leben teilhaben können, (2) der Staat die Vielfalt der Familienformen und -modelle gleichermaßen sowie Familien in unterschiedlichen Familienphasen bedarfsgerecht fördert sowie (3) die Gleichstellung von Frauen und Männern noch stärker als bisher unterstützt wird. Im Rahmen einer Bestandsaufnahme wurde deutlich gemacht, dass im Rahmen des derzeitigen Systems diese Ziele nicht hinreichend erreicht werden, was anhand einiger zentraler Maßnahmen beispielhaft verdeutlicht wurde. Sodann wurden Forderungen, Ansätze und Handlungsbedarfe zur Weiterentwicklung des Systems monetärer Unterstützung von Familien mit Kindern sowie Aspekte mit weiterem Diskussionsbedarf benannt. In diesem Rahmen wurde insbesondere angemahnt, das als grundlegend anzusehende strukturelle Problem der unterschiedlichen Definition des Mindestbedarfs für Kinder zu lösen. So unterscheidet sich das sozialrechtliche Existenzminimum eines Kindes vom steuerlichen und unterhaltsrechtlichen, ohne dass die Abweichungen inhaltlich begründet sind (vgl. hierzu Ott u.a. 2016, 106 ff.). Daher sollte ein einheitliches, nachvollziehbar und bedarfsgerecht berechnetes Existenzminimum für Kinder Ausgangspunkt für alle Systeme sein.

Bereits in diesem Eckpunktepapier hat der Deutsche Verein darauf hingewiesen, dass eine Kindergrundsicherung einen konsequenten Vorschlag für die Sicherung des kindlichen Existenzminimums darstellt. Vorteile eines solchen Konzeptes bestehen in der Transparenz von Leistungen und der Überwindung von Ungerechtigkeiten, da alle Transferzahlungen an das Vorhandensein von Kindern geknüpft sind und damit eine Sicherung des materiellen Wohlbefindens aller Kinder erreicht werden kann. Allerdings ist auch zu beachten, dass dieser konsequente Vorschlag für die Sicherung des kindlichen Existenzminimums selbst dann mit hohen Kosten verbunden ist, wenn einzelne monetäre Leistungen für Familien dadurch ersetzt würden. Auch die Schnittstellen zu anderen weiterhin existierenden Leistungen und Rechtssystemen sind zu berücksichtigen und harmonisch zu gestalten. Insoweit forderte der Deutsche Verein, die Modelle für eine Kindergrundsicherung weiter zu diskutieren. In diesem Sinne arbeitet aktuell eine Arbeitsgruppe einerseits an Vorschlägen zur besseren Gestaltung von Schnittstellen im bestehenden System und andererseits an Eckpunkten, die im Rahmen der Diskussion um eine Kindergrundsicherung zu berücksichtigen sind.

Ausblick

Tatsächlich haben die Diskussionen um grundlegende Reformvorschläge des derzeitigen Systems monetärer Unterstützung von Kindern und Familien deutlich an Fahrt aufgenommen und es scheint sich ein Fenster hierfür zu öffnen. Dies zeigt sich nicht zuletzt auch durch die zunehmend konkreter werdenden Vorschläge aus den Parteien und die intensive grundlegende Befassung auf Länderebene. Auch innerhalb der Verbände sowie zwischen den Akteuren wird intensiv diskutiert, wobei es erfreulicherweise nicht um Abgrenzung, sondern eher um ein gemeinsames Weiterdenken auf dem Weg zum gemeinsamen Ziel geht. Dies kann nicht nur dahingehend begrüßt werden, dass viele Konzepte noch an gleichen oder ähnlichen Punkten um eine überzeugende und widerspruchsfreie Lösung ringen, sondern auch dahingehend, dass auf dem Weg zu einem umfassenden und konsistenten sowie umsetzbaren Konzept ein Zusammendenken einzelner Argumentationen und Lösungsvorschläge – ggf. im Sinne einer stufenweisen Umsetzung – vorstellbar ist.

Es bedarf sicherlich noch einiger Diskussionen und Arbeiten an Detailfragen. Auch die Umsetzung selbst ist schon allein aufgrund der Komplexität und des Umfangs einer Reform des derzeitigen Systems, die ein ressortübergreifendes Handeln verlangt, ein eher mittelfristig zu realisierendes Vorhaben. Dennoch lohnt es, die vorliegenden Konzepte weiter zu diskutieren und sie voranzutreiben, um zum notwendigen konsistenten Gesamtkonzept für Kinder und Familien zu kommen.

Literatur

ASMK – Konferenz der Ministerinnen und Minister, Senatorinnen und Senatoren für Arbeit und Soziales (2018): Externes Ergebnisprotokoll der 95. Konferenz, https://asmkintern.rlp.de/fileadmin/asmkintern/Beschluesse/Beschluesse_95_ASMK_Extern/Externes_Ergebnisprotokoll_ASMK_2018.pdf (18. Juni 2019).

Becker, I. (2012): Bedarfsgerecht statt pauschal – ein Konzept zur Reform des Kindergeldes, http://library.fes.de/pdf-files/do/08850.pdf (18. Juni 2019).

Becker, I. (2018): Kindergrundsicherung gegen Familienarmut – ein Reformansatz im Kontext gesellschaftspolitischer Ziele, in: Existenzminimum oder Teilhabe? Weiterentwicklung des Sozialhilfesystems, Archiv für Wissenschaft und Praxis der sozialen Arbeit, Nr. 4, S. 20–28.

Bertelsmann Stiftung (Hrsg.) (2017): Politik vom Kind aus denken – Konzept für eine Teilhabe gewährleistende Existenzsicherung für Kinder und Jugendliche, https://www.bertelsmann-stiftung.de/de/publikationen/publikation/did/politik-vom-kind-aus-denken/ (18. Juni 2019).

BMFSFJ – Bundesministerium für Familie, Senioren, Frauen und Jugend (2006): Siebter Familienbericht: Familie zwischen Flexibilität und Verlässlichkeit. Perspektiven für eine lebenslaufbezogene Familienpolitik, Berlin.

Bruckmeier, K. u.a. (2018): Erwerbstätige im unteren Einkommensbereich stärken. Ansätze zur Reform von Arbeitslosengeld II, Wohngeld und Kinderzuschlag, IAB-Forschungsbericht 09.

Bündnis 90/Die Grünen (2019): Faire Chancen für jedes Kind – Grünes Konzept für eine Kindergrundsicherung, https://www.gruene-bundestag.de/familie/faire-chancen-fuer-jedes-kind-gruenes-konzept-fuer-eine-kindergrundsicherung/faire-chancen-fuer-jedes-kind-die-kindergrundsicherung.html (18. Juni 2019).

Bündnis Kindergrundsicherung (2019): Kinder brauchen mehr. Unser Vorschlag für eine Kindergrundsicherung, http://www.kinderarmut-hat-folgen.de/download/KGS_Broschuere_148x210_2019_Web.pdf (18. Juni 2019).

Deutscher Gewerkschaftsbund (2017): Geringverdienende unterstützen, Kinderarmut überwinden: DGB-Reformvorschläge für ein verbessertes Kindergeld und Wohngeld, https://www.dgb.de/downloadcenter/++co++2df2a158-cc5c-11e8-8a15-52540088cada (18. Juni 2019).

Deutscher Verein für öffentliche und private Fürsorge e.v. (2013): Eckpunktepapier des Deutschen Vereins zur Weiterentwicklung des Systems monetärer Unterstützungen von Familien und Kindern vom 11. Juni 2013, in: NDV 2013, S. 348–360.

Diakonie Deutschland (2013): Soziale Sicherung für Kinder und Jugendliche einfach und transparent ausgestalten, https://www.diakonie.de/fileadmin/user_upload/Diakonie/PDFs/Diakonie-Texte_PDF/Texte-03_2013-Soziale-Sicherung.pdf (18. Juni 2019).

DIE LINKE (o.J.): Kinderarmut, https://www.linksfraktion.de/themen/a-z/detailansicht/kinderarmut/ (18. Juni 2019).

Familienbund der Katholiken (2018): Das reformierte Kindergeld des Familienbundes der Katholiken, https://www.familienbund.org/sites/familienbund.org/public/familienbund_positionspapier_kindergeld.pdf (18. Juni 2019).

Gerlach, I./Heddendorp, H. (2016): Expertise zum Thema „Kindergrundsicherung", Münster.

Koalitionsvertrag 2018 – Ein neuer Aufbruch für Europa. Eine neue Dynamik für Deutschland. Ein neuer Zusammenhalt für unser Land. Koalitionsvertrag zwischen CDU, CSU und SPD. 19. Legislaturperiode, https://www.bundesregierung.de/Content/DE/_Anlagen/2018/03/2018-03-14-koalitionsvertrag.pdf?__blob=publicationFile&v=5 (1. August 2018).

Ott, N./Schürmann, H./Werding, M. (2012): Schnittstellen im Sozial-, Steuer- und Unterhaltsrecht, Baden-Baden.

Preidel, J. (2018): Reform des Unterhaltsvorschussgesetzes: Was haben Alleinerziehende (bisher) davon?, in: Informationen für Einelternfamilien Nr. 1, S. 1 f.

Prognos (2014): Gesamtevaluation der ehe- und familienbezogenen Maßnahmen und Leistungen in Deutschland – Endbericht, Berlin.

SPD (2019): Ein neuer Sozialstaat für eine neue Zeit, https://www.spd.de/fileadmin/Bilder/SPDerneuern/201902_PV-Klausur/20190210_Neuer_Sozialstaat.pdf (18. Juni 2019).

Stöwhase, S. (2018): Alleinerziehende: Weniger Einkommen wegen des Unterhaltsvorschusses. Wann durch die Anrechnung des Vorschusses auf andere Sozialleistungen das Gesamteinkommen sinkt, in: Soziale Sicherheit Nr. 5, S. 201–206.

VAMV – Verband alleinerziehender Mütter und Väter Bundesverband e.V. (o.J.): 500 € für jedes Kind. VAMV Konzept für eine Kindergrundsicherung, https://www.vamv.de/fileadmin/user_upload/bund/dokumente/Stellungnahmen/Grundsicherung_500_Euro_fuer_jedes_Kind.pdf (9. Juli 2019).

Jörg Plewka

Die Strategie der Bundesregierung gegen Kinderarmut

Die amtierende Bundesministerin für Familie, Senioren, Frauen und Jugend, Dr. Franziska Giffey, verfolgt das Ziel, dass sich jedes Kind – egal, ob die Eltern über viel oder wenig Einkommen verfügen – gut entwickeln kann. In dieser Zielsetzung wird zwar die Einkommenslage der Familie und damit ein etwaiges Armutsrisiko angesprochen, im Zentrum steht aber die gute Entwicklung des Kindes und nicht die Verfügbarkeit eines bestimmten Geldbetrags. Daher ist die Strategie der Bundesregierung „gegen Kinderarmut" auch breiter angelegt. Gerade wenn es nicht nur um eine statische und statistische Vermeidung von Familienarmut geht, sondern um das gute Aufwachsen der Kinder, sind die staatlichen Ausgaben als echte, volkswirtschaftlich relevante Investitionen zu betrachten.

Die Bundesregierung verfolgt drei Ansatzpunkte, um Kinder- bzw. Familienarmut zu vermeiden. Sie umfassen:

(1) *Erwerbstätigkeit von Eltern stärken,* denn die eigenständige Einkommenserzielung von Mutter und Vater stellt den nachhaltigsten Schutz vor Kinder- bzw. Familienarmut dar;

(2) *Familien finanziell gezielt unterstützen,* denn Geldleistungen wirken dann besonders effizient gegen Familienarmut, wenn sie auf arme bzw. armutsgefährdete Familien zugeschnitten sind;

(3) *Bildung und Teilhabe für Kinder sichern,* denn Kinder sollen gut aufwachsen und einen selbstbestimmten Lebensweg einschlagen können, der frei von Armutsrisiken ist. Armut soll sich nicht vererben.

Mit dem Starke-Familien-Gesetz, das den Kinderzuschlag neu gestaltet und die Leistungen für Bildung und Teilhabe verbessert, sowie dem Gute-Kita-Gesetz, das zur Entlastung von Gebühren und einer höheren Betreuungsqualität beiträgt, hat die Bundesregierung bei allen drei Ansatzpunkten für deutliche Verbesserungen gesorgt.

Begriffliche Klärungen

In der Wissenschaft und zunehmend auch in der breiten Öffentlichkeit hat sich die Ansicht durchgesetzt, dass Armut ein mehrdimensionales, gesellschaftliches Phänomen ist. Armut ist im Wesentlichen ein Mangel an Mitteln und Möglichkeiten, das Leben zu gestalten. Als komplexes Phänomen entzieht sie sich einer einfachen und eindeutigen Messung (BMAS 2017, IV). Das gilt auch für die Armut von Kindern. Gleichwohl wird Armut in der öffentlichen Debatte und politischen Auseinandersetzung regelmäßig nur an ein oder zwei statistischen Indikatoren festgemacht und damit auf eine oder zwei Dimensionen verkürzt. Das heißt nicht, dass es nur zwei Indikatoren zur Armutsmessung gäbe. Es gibt mittlerweile eine ganze Reihe von Indikatoren, zum Beispiel die Armutsrisikoquote, die Anzahl oder Quote von Transferleistungsbeziehenden, den Deprivationsindex oder den AROPE-Indikator (*at risk of poverty or social exclusion*), der als eine zusammengefasste Kennziffer für die Messung von Armutsgefährdung oder sozialer Ausgrenzung gilt. Georg Cremer hat auf die mit der Verkürzung und mit einzelnen Indikatoren verbundenen kommunikativen Fallstricke und daraus letztlich resultierenden Risiken für die Sozialpolitik hingewiesen (Cremer 2019, 27 ff.).

Jörg Plewka
leitet das Referat „Monitoring familienbezogene Leistungen, Wohlergehen von Familien" im Bundesministerium für Familie, Senioren, Frauen und Jugend, Berlin.
E-Mail: Joerg.Plewka@bmfsfj.bund.de

Die Armutsrisikoquote gibt den Anteil derjenigen Personen an, deren bedarfsgewichtetes Haushaltsnettoeinkommen unterhalb eines Mindestabstands zum mittleren Einkommen aller Haushalte liegt (nach verbreiteter Konvention 60 % des Medians). Im Hinblick auf Kinderarmut führt dieser meist verwendete Indikator zu einem weiteren (kommunikativen) Missverständnis: Grundlage für den Indikator ist das Nettoeinkommen des Haushalts. Um Kinder also vor einem Armutsrisiko zu bewahren, muss die gesamte Familie, also Eltern und Kinder, über die betrachtete Einkommensschwelle gehoben werden.

Eine Kindergrundsicherung (vgl. Ahner in diesem Heft), die allein auf das Kind schaut, kann die Kinderarmut – gemessen an der Armutsrisikoquote – kaum senken. Denn auch jenseits des statistischen Indikators gilt: Für die Frage der finanziellen Absicherung von Kindern ist die wirtschaftliche Stabilität der gesamten Familie entscheidend. Die Annahme, durch eine eigenständige finanzielle Sicherung für Kinder ließen sich deren Entwicklungschancen vom sozialen Status ihrer Eltern abkoppeln, ist trügerisch. Aus diesem Grund wird oben bereits von Familien- statt Kinderarmut gesprochen. Zudem versperrt die verengte Konzentration auf die Kinder den Blick auf die Ursachen der Armutsgefährdung. Eine rein finanzielle Kindergrundsicherung behandelt also nur Symptome, das präventive Moment einer guten Absicherung von Kindern tritt deutlich in den Hintergrund.

Problematisch ist weiterhin, dass sich der Indikator nur am Einkommen orientiert. Sach- und Dienstleistungen, die Familien unentgeltlich oder zu subventionierten Preisen erhalten, wie die Kindertagesbetreuung, die schulische Bildung, Eintritt in öffentliche Schwimmbäder, Zoos, Museen, die Nutzung des Öffentlichen Personennahverkehrs (ÖPNV) oder Mittagsverpflegung in Schulen und Kitas, erscheinen in der Ermittlung der Armutsrisikoquote nicht. Würde man den Eltern statt der Ausgabenersparnis einen entsprechenden Zuschuss bei Nutzung der Dienst- und Sachleistung gewähren oder die Kosten erstatten, stiege das statistisch erfasste Einkommen entsprechend und dürfte die Armutsrisikoquote sinken lassen. Für die Diskussion der übrigen Indikatoren siehe Cremer 2019, 27 ff.

Als Zwischenfazit lässt sich festhalten, dass das mehrdimensionale Phänomen der Armut nicht durch einen einzelnen Indikator hinreichend erfasst werden kann, dass die regelmäßig verwendeten Indikatoren auf den Haushalt und nicht auf das Kind abstellen und dass das Wort Kinderarmut wesentliche Zusammenhänge des Familienkontextes beiseiteschiebt und damit (präventive) Lösungsmöglichkeiten verdeckt.

Die Strategie der Bundesregierung

Auf Grundlage des Siebten Familienberichts hat die deutsche Familienpolitik mehrere Zielsetzungen formuliert. Um eng am Thema Kinder- bzw. Familienarmut zu bleiben, wird im Folgenden nur auf drei Ziele eingegangen, nämlich die wirtschaftliche Stabilität von Familien – also nicht nur Kindern –, das Wohlergehen von Kindern und die Vereinbarkeit von Familie und Beruf. Das Einbeziehen der letzten Zielsetzung mag beim Thema Kinderarmut auf den ersten Blick überraschen. Vor dem Hintergrund der begrifflichen Klärung oben und dem Ziel der wirtschaftlichen Stabilität der Familie sowie den Ergebnissen der Gesamtevaluation der Ehe- und Familienleistungen erscheint die Betrachtung dieses Aspekts jedoch zwingend. So hat die Gesamtevaluation als ein übergreifendes Ergebnis die Erkenntnis hervorgebracht, dass sich Verbesserungen der Vereinbarkeit von Familie und Beruf auf alle anderen familienpolitischen Zielsetzungen positiv auswirken. Die Vereinbarkeit von Familie und Beruf ist so etwas wie der Dreh- und Angelpunkt guter Familienpolitik. Es bestehen Wirkungsketten von der Vereinbarkeit zur wirtschaftlichen Stabilität und dem Wohlergehen von Kindern (Böhmer u.a. 2014, 353 ff.).

Auch jenseits der Vereinbarkeit sind die familienpolitischen Ziele nicht unabhängig voneinander. So wird in der Gesamtevaluation wie auch in anderen Untersuchungen deutlich, dass Kinder, die über einen längeren Zeitraum Ressourcenmangel und soziale Ausgrenzung erfahren, sich schlechter entwickeln, im Lebensverlauf geringere Bildungsgrade erreichen und geringere Einkommen erzielen als Kinder, die diese Erfahrungen nicht oder nur kurz erleiden (z.B. Tophoven u.a. 2018, 17). In dieser Betrachtung stellt die wirtschaftliche Stabilität der Familie also nicht nur ein Ziel aus sich heraus dar, sondern ist auch Instrument zur Förderung des Wohlergehens von Kindern. Um diese Wirkungszusammenhänge wissend hat die amtierende Bundesministerin für Familie, Senioren, Frauen und Jugend das Ziel formuliert, dass es jedes Kind „packt" – egal, ob die Eltern über viel oder wenig Einkommen verfügen. Es geht also nicht darum, nur einen der oben beschriebenen statistischen Werte zu verändern, sondern darum, dass sich auch Kinder aus Familien mit wenig Ressourcen gut entwickeln können. Die Familienpolitik und die familienbezogenen Leistungen sind nicht darauf ausgerichtet, einen bestimmten Wert eines der oben dargestellten Indikatoren zu erreichen – vor dem Hintergrund der genannten Kritik an den Indikatoren völlig zu Recht.

Die Bundesregierung hat sich ausführlich mit den Ursachen von Kinderarmut befasst, wie die Armuts- und Reichtumsberichte der Bundesregierung darlegen. Ergebnis ist, dass Kinder immer dann einem Armutsrisiko ausgesetzt sind, wenn die Eltern kein oder nicht genug Einkommen erzielen. Die Hauptursache für mangelndes Einkommen wiederum liegt in fehlender oder nur geringer Erwerbstätigkeit der Eltern. So zeigen Auswertungen des Sozio-oekonomischen Panels (SOEP), dass bei rund 45 % der armutsgefährdeten Kinder kein Elternteil im Haushalt einer Erwerbstätigkeit nachgeht. Bei weiteren rund 29 % geht nur ein Elternteil einer Teilzeitbeschäftigung nach (Berechnungen Prognos AG auf Basis von SOEP v33 [Erhebungsjahr 2016, Einkommen aus dem Jahr 2015]). Erwerbslosigkeit erklärt auch das deutlich höhere Armutsrisiko von alleinerziehenden Haushalten (rund 43 %) im Vergleich zu Paarfamilien mit ein oder zwei Kindern (rund 10 %; Ergebnisse des Mikrozensus für 2017). Gut 90 % der Alleinerziehenden sind Frauen; die Erwerbstätigkeit alleinerziehender Mütter liegt bei rund 70 %, d.h., rund 30 % sind nicht erwerbstätig. Sie erklären einen großen Teil des hohen Armutsrisikos der Alleinerziehenden. Bei den Paarfamilien liegt die Erwerbslosigkeit nur bei 5 %.

Um eine Armutsgefährdung für Kinder zu vermeiden, muss also die Erwerbstätigkeit der Eltern gestärkt werden. Dabei sind Väter *und* Mütter in den Blick zu nehmen. Denn das Risiko, dass das gesamte erwirtschaftete Haushaltseinkommen wegfällt, ist größer, wenn nur ein Elternteil erwerbstätig ist.

Ein Armutsrisiko lässt sich aber auch durch eine Beschäftigung, die über eine Teilzeittätigkeit nur eines Elternteils hinausgeht, nicht immer vermeiden. Das ist bei rund 26 % der armutsgefährdeten Kinder der Fall. Entweder erreichen die Eltern in diesen Fällen nur geringe Löhne oder die Familie besteht aus so vielen Personen, dass das erwirtschaftete Einkommen nicht ausreicht, um die Armutsgefährdungsschwelle zu überschreiten. Denn der Stundenlohn steigt für gewöhnlich nicht mit der Kinderzahl. Dadurch erklärt sich auch das höhere Armutsrisiko von Familien mit drei oder mehr Kindern.

Neben Versuchen, die Erwerbstätigkeit zu stärken und/oder höhere Stundenlöhne zu erzielen, kann die Familienpolitik diese Familien mit gezielten finanziellen Transfers unterstützen. Die finanziellen Sozial- und Familienleistungen reduzieren das Armutsrisiko von Kindern je nach verwendeter Datenbasis um rund 40 % (SOEP) bzw. 50 % (EU-SILC) (BMAS 2017, 553 ff.).

Die Familienpolitik der Bundesregierung geht über die rein finanzielle Betrachtung von Familienarmut hinaus und rückt entsprechend der oben aufgezeigten Zielsetzung das Wohlergehen der Kinder in den Fokus. In der Gesamtevaluation der Ehe- und Familienleistungen wurde gezeigt, dass die Kindertagesbetreuung negative Effekte einer Armutsgefährdung auf das Wohlergehen der Kinder abmildern und kompensieren kann (Böhmer u.a. 2014, 291). Auch bei der Förderung von Bildung und sozialer Teilhabe der Kinder sind nicht nur diese selbst in den Blick zu nehmen, sondern ebenso die Eltern einzubeziehen. Der Wirkungsgrad der Maßnahmen kann dadurch erhöht werden (Schmitz/Spieß 2019, 54).

Mit ihren drei eingangs genannten Ansatzpunkten nimmt die Bundesregierung die Ursachen der Kinder- bzw. Familienarmut in den Blick, lindert ihre Symptome und mildert die Folgen.

Umsetzung der Strategie

Die folgende Darstellung beschränkt sich weitgehend auf Maßnahmen des Bundesministeriums für Familie, Senioren, Frauen und Jugend (BMFSFJ); arbeitsmarktpolitische Maßnahmen, zum Beispiel des Bundesministeriums für Arbeit und Soziales (BMAS), bleiben außen vor, auch wenn sie in engem Bezug zur Familienpolitik stehen. Beim Ansatzpunkt „Erwerbstätigkeit von Eltern stärken" geht es um die Vereinbarkeit von Familie und Beruf und darum, dass sich (Mehr-)Arbeit für Eltern lohnen muss.

Erwerbstätigkeit von Eltern stärken

Zentrales Instrument für die Vereinbarkeit ist das Angebot an Kindertagesbetreuung. Mit dem Ausbau der Kindertagesbetreuung haben sich Bund, Länder und Kommunen gemeinsam auf den Weg begeben, diese zentrale Voraussetzung für die Vereinbarkeit aufzubauen und bereitzustellen. Seit 2013 besteht der Rechtsanspruch auf Betreuung nach dem ersten Lebensjahr. Eine weitere Bedingung ist, dass die Betreuungszeiten auch zu den Arbeits- und Wegezeiten der erwerbstätigen Eltern passen. Mit dem Bundesprogramm KitaPlus kann eine Betreuung auch zu solchen Zeiten angeboten werden, die außerhalb der in Kitas oder Kindertagespflegestellen üblichen Öffnungszeiten (früh morgens, spät abends, feiertags, am Wochenende und ggf. auch über Nacht) liegen. Parallel zum quantitativen Ausbau wurde und wird auch der qualitative Ausbau vorangetrieben.

Das Angebot von Kinderbetreuung kann jedoch nur zur Vermeidung eines Armutsrisikos beitragen, wenn es auch für Familien mit kleinen Einkommen erschwinglich ist und den zu erwartenden Verdienst nicht aufzehrt. Deshalb werden mit dem Gute-KiTa-Gesetz Familien mit kleinen Einkommen bei den Gebühren für die Kindertagesbetreuung entlastet. Das bedeutet, dass neben Familien, die Leistungen nach dem Sozialgesetzbuch (SGB) II und XII und dem Asylbewerberleistungsgesetz (AsylbLG) beziehen, künftig auch solche, die Kinderzuschlag oder Wohngeld erhalten, nicht mehr für die Betreuungsplätze zahlen müssen. Außerdem werden die Elternbeiträge für alle Familien sozial gestaffelt.

Zusätzlich wirkt die Bundesregierung auch auf eine familienfreundliche Arbeitswelt hin. Bereits seit 2006 setzt sich das BMFSFJ gemeinsam mit den Spitzenverbänden der deutschen Wirtschaft (Bundesvereinigung der Deutschen Arbeitgeberverbände [BDA], Deutscher Industrie- und Handelskammertag [DIHK], Zentralverband des Deutschen Handwerks [ZDH]) und dem Deutschen Gewerkschaftsbund (DGB) im Rahmen des Unternehmensprogramms „Erfolgsfaktor Familie" für eine familienfreundliche Arbeitswelt ein. In einem nachhaltigen und systematischen Prozess machen die Partner seither die positiven Effekte einer familienfreundlichen Personalpolitik für Unternehmen und Beschäftigte in vielfältigen Projekten und Aktivitäten erfolgreich zum Thema. Mit dem 2019 eingeführten „Fortschrittsindex Vereinbarkeit" können sich die Unternehmen im Hinblick auf Familienfreundlichkeit vergleichen.

Das Elterngeld, das 2015 durch das ElterngeldPlus und den Partnerschaftsbonus weiterentwickelt wurde, hat nachweislich zur erhöhten Müttererwerbstätigkeit und stärkeren Beteiligung von Vätern bei Familienaufgaben beigetragen. Nachgewiesen wurde u.a., dass Mütter, deren Partner Elterngeld nutzen, deutlich früher und mit größerem Stundenumfang nach einer Geburt wieder in die Erwerbstätigkeit zurückkehren. Sie tragen damit mehr als früher zur wirtschaftlichen Stabilität der Familie bei.

Für die Kinderbetreuung und das Elterngeld gibt der Bund zwar jedes Jahr mehrere Milliarden Euro aus, diesen stehen jedoch durch die erhöhte Erwerbstätigkeit von Eltern auch zusätzliche Milliarden an Steuer- und Sozialversicherungseinnahmen sowie verringerte Transferausgaben gegenüber. Insgesamt entsteht so auch eine volkswirtschaftliche Vereinbarkeitsrendite (BMFSFJ 2017).

Familien gezielt finanziell unterstützen

Beim zweiten Ansatzpunkt, der gezielten finanziellen Unterstützung, kann auch wieder das Elterngeld angeführt werden, denn es gleicht zum Teil den Wegfall von Einkommen aus, der entsteht, wenn Mutter oder Vater nach der Geburt ihres Kindes ihre Erwerbstätigkeit einschränken oder vorübergehend aufgeben. Damit trägt das Elterngeld auch nennenswert dazu bei, eine Armutsgefährdung oder den Bezug von Leistungen der Grundsicherung zu vermeiden (Böhmer u.a. 2014, 155).

Die Gesamtevaluation familienbezogener Leistungen hat darüber hinaus gezeigt, dass im Hinblick auf die Vermeidung einer Armutsgefährdung vor allem die Familienleistungen ein besonders gutes Nutzen-Kosten-Verhältnis aufweisen, die auf die Lebens- und Bedarfssituationen zugeschnitten sind. Zu nennen sind hier der Kinderzuschlag, das Wohngeld und der Unterhaltsvorschuss (Böhmer u.a. 2014, 212 ff. und 379). Unterstützt durch die Ergebnisse der Gesamtevaluation konnten in der vergangenen Legislaturperiode der Kinderzuschlag zweimal erhöht und der Unterhaltsvorschuss ausgebaut werden.

Diesen Weg – Erkenntnisse der Gesamtevaluation umsetzen und effiziente Leistungen stärken – hat die Bundesregierung in der laufenden Legislaturperiode fortgesetzt: durch das Starke-Familien-Gesetz, mit dem der Kinderzuschlag neu gestaltet, die Leistungen für Bildung und Teilhabe verbessert und nennenswert Bürokratie abgebaut werden. Das Starke-Familien-Gesetz wurde am 21. März 2019 vom Bundestag und am 12. April 2019 vom Bundesrat verabschiedet. Ein höherer und mit anderen Familienleistungen besser abgestimmter Kinderzuschlag entlastet Familien mit kleinen Einkommen und hat besonders die Alleinerziehenden im Blick. Verbesserte Leistungen für Bildung und Teilhabe sichern den Kindern die Chancen auf eine gute Entwicklung.

Der Kinderzuschlag wird in zwei Schritten neu gestaltet.

Zum 1. Juli 2019:

- Erhöhung auf maximal 185 Euro pro Kind und Monat. Damit sichert der Kinderzuschlag zusammen mit dem Kindergeld und den gesondert gewährten Bildungs- und Teilhabeleistungen den Bedarf der Kinder und ihr Existenzminimum. Ab 2021 wird die Höhe entsprechend dem Existenzminimumbericht dynamisiert.

- Kindeseinkommen wird den Kinderzuschlag nur noch zu 45 % mindern, statt wie bisher zu 100 %. Damit wird der Kinderzuschlag für Alleinerziehende geöffnet, auch wenn die Kinder Unterhaltszahlungen oder -vorschuss erhalten.

- Damit die Leistung dort ankommt, wo sie gebraucht wird, wird der Antragsaufwand für Familien deutlich geringer. So wird die Leistung in Zukunft zuverlässig für sechs Monate gewährt. Damit müssen Familien auch nicht mehr zwischen Kinderzuschlag und Grundsicherung hin- und herwechseln, wenn ihr Einkommen etwas schwankt. Außerdem werden die Anträge für den Kinderzuschlag einfacher, bürgerfreundlicher und kürzer und in absehbarer Zeit digital möglich sein.

Zum 1. Januar 2020:

- Die Abbruchkante, an der der Kinderzuschlag bislang schlagartig entfällt, wird abgeschafft. Dazu werden die oberen Einkommensgrenzen aufgehoben. Nach bisheriger

Rechtslage kann es passieren, dass Familien im Kinderzuschlag nur ein wenig mehr Geld verdienen und dadurch der Kinderzuschlag komplett wegfällt, sodass sie insgesamt weniger Geld zur Verfügung haben als zuvor. Jetzt läuft die Leistung kontinuierlich aus, sodass negative Erwerbsanreize vermieden werden. Eltern werden in ihrer Erwerbstätigkeit gestärkt.

- Zusätzliches Einkommen der Eltern soll den Gesamtkinderzuschlag nur noch zu 45 % mindern, statt wie bisher zu 50 %. Wenn das Einkommen der Eltern steigt, läuft die Leistung langsamer aus und der Familie bleibt damit mehr vom Kinderzuschlag übrig. Auch durch diese Maßnahme lohnt sich die Erwerbstätigkeit der Eltern mehr.

- Es wird ein erweiterter Zugang zum Kinderzuschlag für Familien geschaffen, die in verdeckter Armut leben (zunächst befristet auf drei Jahre). Familien sollen auch dann den Kinderzuschlag erhalten können, wenn sie bisher kein Arbeitslosengeld II beziehen, obwohl sie einen Anspruch darauf haben. Um den erweiterten Zugang in Anspruch nehmen zu können, dürfen ihnen mit ihrem Erwerbseinkommen, dem Kinderzuschlag und ggf. dem Wohngeld bis zu 100 Euro fehlen, um Hilfebedürftigkeit nach dem SGB II zu vermeiden.

Bildung und Teilhabe für Kinder sichern

Folgende verbesserte Leistungen für Bildung und Teilhabe treten zum 1. August 2019 in Kraft:

- Erhöhung des Betrages für die Ausstattung mit persönlichem Schulbedarf von 100,– € auf 150,– €. In Zukunft wird die Leistung jedes Jahr in gleichem Maß wie der Regelbedarf erhöht.

- Erhöhung des Teilhabebeitrags von bis zu 10,– € im Monat auf bis zu 15,– €. Damit wird es Kindern und Jugendlichen erleichtert, in der Freizeit bei Spiel, Sport, Kultur mitzumachen.

- Wegfall der Eigenanteile der Eltern bei gemeinschaftlicher Mittagsverpflegung und Schülerbeförderung. Das bedeutet, es gibt für alle anspruchsberechtigten Kinder ein kostenloses warmes Mittagessen in Schule, Kita und Kindertagespflege sowie eine kostenlose ÖPNV-Fahrkarte für Schülerinnen und Schüler. Durch den Wegfall der Eigenanteile entfällt viel Bürokratie für Eltern, Verwaltung und Dienstleister.

- Regelung zur Unabhängigkeit des Anspruches auf Lernförderung von einer Versetzungsgefährdung. Damit erhalten auch Schülerinnen und Schüler Lernförderung, die nicht unmittelbar versetzungsgefährdet sind.

- Einführung der Möglichkeit für Schulen, die Leistungen für Schulausflüge für leistungsberechtigte Kinder gesammelt mit einem zuständigen Träger abzurechnen.

Mit dem Starke-Familien-Gesetz ist die Bundesregierung ihrer Strategie gegen Familienarmut in allen Ansatzpunkten gefolgt: Sie hat die Erwerbstätigkeit der Eltern gestärkt und lohnender gemacht, es werden gezielt Familien mit kleinen Einkommen unterstützt, die Existenzgrundlage der Kinder gesichert und Familienleistungen besser aufeinander abgestimmt, die Bildungs- und Teilhabemöglichkeiten von Kindern aus Familien ohne oder mit geringen Einkommen werden verbessert.

Zugang zu Familienleistungen

Von zentraler Bedeutung ist zudem, den Zugang zu Familienleistungen zu verbessern. Das fängt mit der Information über die Leistungen an, setzt sich bei der Beantragung von Leistungen fort und endet mit einer einfachen und verlässlichen Gewährung bzw. dem Bezug von Leistungen.

Im Sommer 2017 hat das BMFSFJ mit dem Infotool Familenleistungen einen ersten Schritt gemacht, um den Zugang zu Informationen über Familienleistungen zu erleichtern und zu entbürokratisieren. Eltern und Familien können dabei mit nur wenigen Angaben herausfinden, welche Leistungen oder anderen Unterstützungsangebote ihnen potenziell zustehen. Davon profitieren in erster Linie Menschen, denen bislang der Überblick oder die Kenntnis über die verschiedenen Leistungen gefehlt hat.

Das Familienportal (www.familienportal.de) bündelt alle relevanten Informationen zu staatlichen Familienleistungen, gesetzlichen Regelungen und Unterstützungsmöglichkeiten in einer Hand. Es orientiert sich an den unterschiedlichen Lebenslagen von Familien, zum Beispiel „Schwangerschaft und Geburt" oder „Familie und Beruf". Über die Beratung-vor-Ort-Suche können Nutzerinnen und Nutzer durch die Eingabe ihrer Postleitzahl Ämter und Stellen in ihrer Nähe finden, bei denen sie Leistungen beantragen oder weitere Beratungs- und Unterstützungsangebote bekommen können. Auch sind diverse Rechner und Anträge über das Familienportal erreichbar.

Die Digitalisierung bietet auch die technischen Möglichkeiten, um die Komplexität von Anträgen zu verringern und individuelle Lebenslagen gezielter abzubilden. Das BMFSFJ nutzt digitale Technologien, um den Zugang zu seinen Leistungen zu verbessern. So können mit dem Elterngeld Digital und dem Elterngeldrechner junge Eltern ihren individuellen Anspruch auf Elterngeld besser planen und erhalten gezielt Unterstützung bei der Beantragung. Der papierlose Elterngeldantrag wird zukünftig zudem die Bearbeitungszeiten beschleunigen – eine Entlastung sowohl für diejenigen, die den Antrag stellen, als auch für diejenigen, die ihn bearbeiten. Damit wird der Zugang zu dieser Leistung verbessert.

Auch für den Kinderzuschlag ist eine digitale Beantragung in Planung. Derzeit arbeitet die Bundesregierung zudem an besseren Möglichkeiten, Daten, die an anderer Stelle vorliegen und die für die Beantragung von Leistungen erforderlich sind, zum Beispiel das monatliche Einkommen, digital verfügbar zu machen, wenn der/die Antragstellende das wünscht. Damit werden sich neue Perspektiven für den Sozialstaat eröffnen.

Bildung und Teilhabe der Kinder werden nicht nur über den Rechtsanspruch auf Betreuung und die Gebührenfreiheit für Familien mit kleinen Einkommen sowie die o.g. Bildungs- und Teilhabeleistungen gesichert. Das BMFSFJ unterstützt Eltern vielfältig darin, diese Angebote auch wahrzunehmen und ihren Kindern damit Chancen zu eröffnen. Neben den Lokalen Bündnissen für Familien und den Mehrgenerationenhäusern, die sich als lokale Anlaufstellen für Familien im gesamten Bundesgebiet etabliert haben, fördert die Bundesregierung weitere niedrigschwellige Hilfesysteme. Diese Unterstützung, die Familien aufsucht, ist besonders wichtig für bildungsferne Familien.

So wurden zusammen mit dem Bundesprogramm Elternchance ist Kinderchance (2011–2015) und dem seit 2015 laufenden ESF-Bundesprogramm (Laufzeit bis 2020) inzwischen über 12.000 Fachkräfte aus der Familienbildung und der (Früh-)Pädagogik zu Elternbegleiterinnen und Elternbegleitern weiterqualifiziert. Sie suchen die Eltern auf und unterstützen sie als Vertrauenspersonen bei der frühen Förderung ihrer Kinder. In einem neuen Programmschwerpunkt ist ab 2019 vorgesehen, die Potenziale der Elternbegleiterinnen und Elternbegleiter noch gezielter für Familien mit kleinen Einkommen und/oder in besonderen Lebenslagen zu erschließen. Ziel ist es, Elternbegleiter/innen für die Stärkung von Familien mit kleinen Einkommen zu sensibilisieren und deren Lotsenfunktion für die Familien auszubauen.

Mit den Frühen Hilfen gibt es auch vor der Geburt schon Unterstützung. Die Frühen Hilfen richten sich insbesondere an (werdende) Eltern und Familien, die aufgrund unterschiedlicher psychosozialer Belastungen einen erhöhten Beratungs- und Unterstützungsbedarf haben, aber häufig nur schwer einen Zugang zu Unterstützungsangeboten finden. Sie unterstützen Eltern bei der Erziehung ihrer Kinder in den ersten drei Lebensjahren. Im Fokus stehen eine gelingende Eltern-Kind-Bindung, ein gesundes Aufwachsen und Schutz vor Gewalt. Frühe Hilfen zielen darauf ab, Entwicklungsmöglichkeiten von Kindern und Eltern in Familie und Gesellschaft frühzeitig und nachhaltig zu verbessern. Zentral für die praktische Umsetzung Früher Hilfen ist deshalb eine enge Vernetzung und Kooperation von Institutionen und Angeboten aus den Bereichen der Schwangerschaftsberatung, des Gesundheitswesens, der interdisziplinären Frühförderung, der Kinder- und Jugendhilfe und weiterer sozialer Dienste. Auch Jobcenter zählen zu den Netzwerkpartnern.

Literatur

BMAS – Bundesministerium für Arbeit und Soziales (2017): 5. Armuts-und Reichtumsbericht der Bundesregierung, Berlin.

BMFSFJ – Bundesministerium für Familie, Senioren, Frauen und Jugend (2017): Investitionen in Infrastruktur für Familien – ein Motor für inklusives Wachstum, Monitor Familienforschung Nr. 36.

Böhmer, M./Ehrentraut, O./Heimer, A./Henkel, M./Ohlmeier, N./Poschmann, K./Schmutz, S./ Weisser, J. (2014): Endbericht Gesamtevaluation der ehe- und familienbezogenen Maßnahmen und Leistungen in Deutschland, Berlin.

Cremer, G. (2019): Fallstricke der Armutsdebatte, in: ifo Schnelldienst Nr. 10, S. 27–33.

Schmitz, S./Spieß, C. K. (2019): Familien im Zentrum: Unterschiedliche Perspektiven auf neue Ansatzpunkte der Kinder-, Eltern- und Familienförderung, Berlin.

Tophoven, S./Lietzmann, T./Reiter, S./Wenzig, C. (2018): Aufwachsen in Armutslagen – Zentrale Einflussfaktoren und Folgen für die soziale Teilhabe, Gütersloh.

Jörg Fischer

Armutssensibles Handeln von Fachkräften in Kinder- und Jugendhilfe und Jobcenter

Die negativen Folgen von Armut können nur dann gemindert und beseitigt werden, wenn neben materiellen Unterstützungsressourcen und strukturellen Maßnahmen ein politisch und fachlich angemessener Umgang mit armutsbetroffenen Menschen umgesetzt wird. Der folgende Beitrag stellt heraus, dass Armut als soziales Phänomen ein armutssensibles Denken und Handeln von Fachkräften erfordert – sowohl in der Wahrnehmung der Auswirkungen und Ursachen von Armut als auch bei der Ableitung von Handlungsschritten.

Armutssituationen lassen sich nur wirksam auf der Basis eines Menschenbilds bekämpfen, in dem Menschen mit Armutshintergrund nicht nur als Träger von Problemen betrachtet werden, sondern als individuelle Persönlichkeiten mit jeweils eigenen Erwartungen und Bedürfnissen, die wichtige Ansatzpunkte für fachliches Handeln sein können. Armutsbetroffenen Menschen muss zugestanden werden, dass sie sich in ihrer konkreten Lebenssituation genauso rational verhalten wie alle anderen Menschen – auch wenn dies zu Verhaltensformen führt, die von außen betrachtet teilweise irritierend sind. Von Armut betroffene Menschen weisen oft gleiche oder ähnliche Anlässe für ihre Armut und deren soziale Auswirkungen auf, doch sind ihre Erfahrungshorizonte, Ressourcen und Perspektiven meist sehr unterschiedlich. Um dem Phänomen der Armut effektiv entgegenzuwirken, ist es deshalb wenig sinnvoll, die mit Armutslagen verbundenen Probleme mit einem einheitlichen Gesamtkonzept zu bearbeiten. Vielmehr bedarf es individuell angelegter Strategien, die bei der Erarbeitung von Lösungswegen die verschiedenen Armutstypen berücksichtigen.

In der öffentlichen Wahrnehmung überwiegt ein pauschalisierendes Bild von „den" Armen, das jedoch der weit überwiegenden Anzahl der in Armut lebenden Menschen nicht entspricht und von den Armutsbetroffenen als diffamierend empfunden wird. Ein angemessener fachlicher Zugang zu Armut sollte sich nicht nur von den – mehr oder minder offen zutage tretenden – Problemen leiten lassen, sondern sich daran orientieren, die individuelle Würde jedes Menschen zu erhalten und Respekt gegenüber dem Leben in schwierigen Situationen zu zeigen. Eine solche Haltung eröffnet Fachkräften völlig neue Perspektiven im Umgang mit armutsbetroffenen Menschen und dem Verständnis der eigenen Tätigkeit in einer ermöglichenden Sozialarbeit. In diesem armutssensiblen Umgang liegt die zentrale Herausforderung für Politik und Fachkräfte, insbesondere in der Kinder- und Jugendhilfe sowie dem Jobcenter.

Armut als fachliche Herausforderung

Armut kann als ein soziales Phänomen beschrieben werden, das sich ausgehend von einer materiellen Unterversorgung auf alle Lebensbereiche erstreckt und zu massiven Formen der Benachteiligung führt. Benachteiligung ist hierbei als ein Prozess zu verstehen, der sich nicht allein aus der ungenügenden Versorgung heraus erklären lässt und nicht zwangsläufig entsteht.

> Vielmehr entwickelt sich Benachteiligung aus dem Unvermögen gesellschaftlicher Strukturen, auf soziale Phänomene wie materielle Unterversorgung angemessen zu reagieren.

Insofern beinhaltet Armut nicht nur eine materielle Komponente, sondern sie ist in unserer Gesellschaft immer auch mit sozialen Benachteiligungen verbunden (vgl. Fischer 2018, 84). Dies ist darauf zurückzuführen, dass Armut in Wohlstandsstaaten nicht als absolute, sondern als relative Armut definiert wird: Demnach wird Armut erst im relationalen Vergleich zu anderen Mitgliedern der Gesellschaft und existierenden „Normalitätsvorstellungen" zu dem, was wir darunter verstehen. Seine besondere Bedeutung erhält dieser Zusammenhang durch den Umstand, dass Armut keine freiwillige Entscheidung ist, sondern immer innerhalb eines gesellschaftlichen Zwangskontextes und eingeschränkter Handlungsspielräume stattfindet (vgl. Andresen/Galic 2015, 39). Formen freiwilliger Armut, die ein Individuum aus religiösen Beweggründen oder aufgrund persönlicher Verzichtsentscheidungen wählt, verweisen zwar auf einen tatsächlich vorhandenen Mangel, doch gehört diese Armutsform nicht zur klassischen Form der Armut, die mit bestimmten Zwängen verbunden ist.

Prof. Dr. Jörg Fischer lehrt Bildungs- und Erziehungskonzepte an der Fakultät für Angewandte Sozialwissenschaften der Fachhochschule Erfurt und leitet das Institut für kommunale Planung und Entwicklung (IKPE), Erfurt. E-Mail: joerg.fischer@fh-erfurt.de

Aus diesem differenzierten Verständnis von Armut und den daraus resultierenden Benachteiligungen ergeben sich für Beschäftigte in der Kinder- und Jugendhilfe und im Jobcenter drei fachliche Herausforderungen:

(1) Innerhalb der fachlichen Arbeit gilt es erstens zu erkennen, welche Bestandteile des Armutsphänomens auch durch hohes fachliches Engagement in der direkten Fallarbeit nicht verändert werden können. Dazu zählen beispielsweise notwendige Veränderungen von gesetzlichen Regelungen, etwa des Umstands, dass für Kinder in Haushalten, die Leistungen nach dem Zweiten Buch Sozialgesetzbuch (SGB II) beziehen, das Kindergeld nicht ausgezahlt, sondern in die Höhe des Regelsatzes eingerechnet wird. Inwieweit fachliche Akteure aus ihrem politischen Verständnis heraus gelingende politische Ansätze stärken und die nicht funktionierenden gesetzlichen Regelungen zum Positiven beeinflussen sollten und können, kann an dieser Stelle nicht weiter ausgeführt werden.

(2) Des Weiteren gibt es allerdings für Fachkräfte einen großen Bereich an Einflussmöglichkeiten, um die materielle Situation von Armutsbetroffenen konkret zu verbessern, das heißt wesentlich abzumildern. Dazu gehört, die von Armut betroffenen Menschen bei der Inanspruchnahme von Leistungen umfassend zu informieren sowie individuell zu beraten und zu unterstützen. Jenseits einer bloßen Zurverfügungstellung von sozialstaatlichen Leistungen misst sich gutes fachliches Handeln an der Frage, inwieweit es gelingt, damit konkret vorhandene Bedarfe der Menschen zu befriedigen, Informationsdefizite zu beseitigen und Hemmschwellen bei der Inanspruchnahme von Leistungen zu verringern. Dies ist ein zentraler Bereich von fachlichem Handeln in der Armutsbekämpfung.

(3) Darüber hinaus umfasst die Bearbeitung von Armutslagen einen großen Teil an Aufgaben, in denen Akteure Sozialer Arbeit Auswirkungen von Armut auf die konkrete Lebenssituation der armutsbetroffenen Menschen nicht nur abmildern, sondern durch fachliches Handeln auch kompensieren können. Im Idealfall ist es sogar möglich, die Ursachen von Armut zu bekämpfen und den Armutskreislauf in einem strategischen Sinn zu durchbrechen. Mummert und Gintzel haben dies am Beispiel der Kinderarmut verdeutlicht (Mummert/Ginzel 2010, 130), was im Folgenden dargestellt werden soll.

Eine wichtige Voraussetzung für die angemessene Bearbeitung von Armutslagen ist in der Auseinandersetzung mit theoretischen Gelingensbedingungen nach Louise Mummert und Ullrich Ginzel die Fähigkeit der Fachkräfte und die Bereitschaft der lokalen Umwelt, eine öffentliche Wahrnehmung von Kinderarmut zu initiieren und eine Diskussion über mögliche Lösungsstrategien zu führen. Die öffentliche Wahrnehmung ist die notwendige Grundlage, um die Bürgerinnen und Bürger, die politischen Mandatsträger und die Beschäftigten in der öffentlichen Verwaltung für Kinderarmut zu sensibilisieren. Ziel sollte es sein, sich auf dieser Basis mit den unzureichenden Lebensbedingungen und den strukturellen Barrieren vor Ort auseinanderzusetzen. Gelingen kann dieser Ansatz aber nur, wenn auch die politische Verantwortung für die Etablierung von Entlastungsstrategien übernommen wird.

Ein großes Hindernis für wirksame Armutsbekämpfung sind politische Mandatsträger, die eine öffentliche Thematisierung von Armut vermeiden wollen, weil sie dadurch die gewünschte Eigendarstellung oder Außenwahrnehmung ihrer Region in ein schlechtes Licht gerückt sehen, ihre Wiederwahl nicht gefährden möchten oder Armut nicht als eine gesellschaftliche Herausforderung begreifen. Ein solches Verhalten verhindert, dass das Armutsphänomen als soziales und nicht nur als individuelles Problem wahrgenommen wird. In der Folge müssen armutsbelastete Menschen die negativen Wirkungen von Armut allein tragen, häufig verbunden mit Selbstzuschreibungen der persönlichen Unzulänglichkeit und Gefühlen des gesellschaftlichen „Abgeschriebenseins". Wenn Politik auf diese Weise den eigenen Auftrag in einer repräsentativen Demokratie verweigert und nur die Interessen bestimmter Bevölkerungsgruppen vertritt, ist es umso wichtiger, dass zivilgesellschaftliche Akteure versuchen, Impulse durch die öffentliche Thematisierung von Armut zu setzen.

Für die Akteure in der Kinder- und Jugendhilfe und im Jobcenter stellt diese Aufgabe eine besondere Herausforderung dar, da sie als Beschäftigte der öffentlichen Verwaltung auf die Vereinbarkeit von dienstlichen Pflichten und fachlichen Ansprüchen achten müssen (vgl. Heiner 2004, 112). Einen Ausweg bietet zum Beispiel das Engagement in fachlichen und politischen Gremien, etwa dem Jugendhilfeausschuss oder den Beiräten der Jobcenter. Ein wertvoller Zugang ist auch die Einbindung in institutionelle Netzwerke (vgl. Fischer 2019, 461), etwa indem sich Beschäftigte der öffentlichen Verwaltung in der örtlichen Akteurslandschaft beteiligen. In diesem Zusammenhang können und müssen sie im Einklang mit dem Paradigma eines Aufwachsens in öffentlicher Verantwortung fachliche Belange – und damit auch Kinderarmut – thematisieren.

Ein zweiter wichtiger Bestandteil bei der Bearbeitung von Armutslagen ist die direkte Verbesserung der materiellen Situation für arme Kinder, um die Auswirkungen von Unterversorgung zu mildern und ihre Bildungs- und Teilhabechancen zu verbessern. Über die Gewährleistung materieller Grundsicherung hinaus stellt Teilhabe das zentrale Ziel der Armutsprävention mit Verfassungsrang dar (vgl. Cremer 2016, 67).

Dazu gehört zum Beispiel die Einführung eines gebührenfreien Mittagessens in Kindergärten und Schulen für alle Kinder, das als selbstverständlicher Teil des pädagogischen Alltags verstanden wird und nicht mit gesonderten Kosten verbunden ist. Weitere wichtige Maßnahmen sind die Förderung des öffentlichen Personennahverkehrs in ländlichen Räumen durch veränderte Serviceformate, die Bereitstellung eines kostenlosen Nahverkehrs für Kinder und Jugendliche, die Umsetzung einer tatsächlichen Lernmittelfreiheit oder das Schaffen von leichteren Zugängen zu Kultur- und Freizeiteinrichtungen. Gerade im Umgang mit diesen Themen finden auf kommunaler Ebene derzeit viele Diskussionen statt, in denen die soziale Frage der Armut häufig mit ökologischen und ökonomischen Aspekten verbunden wird.

Dritter Baustein für unmittelbare Unterstützungsansätze ist die zielgerichtete Initiierung und Förderung von entlastenden Projekten und Ansätzen, um die Folgen von Armut und Benachteiligungen zu mindern. Von allen Zugängen, die auf eine Unterbrechung des Armutskreislaufs zielen, ist dieser Zugang am operativsten angelegt. Er soll Fachkräften einen unmittelbaren Hebel an die Hand geben, um die Auswirkungen von Benachteiligungen durch konkrete Maßnahmen zu verringern. Dazu zählen etwa Schulranzenaktionen oder die Ermöglichung von Erholungsaufenthalten für armutsbetroffene Kinder während der Schulferien. Im direkten professionellen Umgang mit den Betroffenen kann dies ein wichtiger Beitrag sein, um armutssensibles Wahrnehmen in armutssensibles Handeln zu überführen und dort tätig zu werden, wo unmittelbare Notlagen entstanden sind.

In einem nächsten Schritt sollte es darum gehen, die Erkenntnisse der öffentlichen Diskussion, die Maßnahmen zur Verbesserung der materiellen Situation und die konkrete Hilfe in Notlagen auf fachlicher Ebene zusammenzuführen und um eine strukturelle Komponente zu ergänzen. Dieser vierte Baustein lässt sich als Auftrag beschreiben, eine verbesserte, d.h. vor allem angemessenere und integriert angelegte soziale Infrastruktur auf lokaler Ebene zu schaffen. Durch institutionelle Netzwerke, Ansätze früher Förderung und sozialpolitische Unterstützung kann erreicht werden, die adressierten Personen näher an die Angebote heranzuführen, den Grad der Inanspruchnahme sozialstaatlicher Leistungen zu erhöhen und die Angebote enger an den tatsächlichen Bedarfen auszurichten.

Zusammenfassend kann gesagt werden, dass die vier erläuterten Bausteine des Gestaltungsansatzes in ihrem Zusammenwirken die Auswirkungen von Armut auf die konkrete Lebenssituation nicht nur abmildern, sondern durch fachliches Handeln ebenso kompensieren und im Idealfall in ihren Ursachen bekämpfen können. Ebenso wie der bereits benannte Beeinflussungsansatz sind sie jedoch abhängig von der Bereitschaft und der Kompetenz der Fachkräfte, armutssensibel wahrzunehmen und zu handeln.

Armut in der lebenslagen- und lebensweltorientierten Beratungsarbeit von Kinder- und Jugendhilfe und Jobcenter

Der zentrale methodische Zugang in der Kinder- und Jugendhilfe sowie dem Jobcenter ist der Beratungsansatz. In der Beratung von Armutsbetroffenen soll stets nach einem Zuwachs an individuellen Kompetenzen und lebenspraktischen Fähigkeiten unter Einbezug der sozialen Zusammenhänge gestrebt werden, damit die Adressierten möglichst selbstständig und eigenverantwortlich ihr Leben gestalten können (vgl. Lampert 2018, 127).

Im Umgang mit Armut und sozialer Benachteiligung ist der Beratungsansatz besonders herausfordernd, da die materielle Unterversorgung ein Defizit ist, das mit geringeren Lebens- und Teilhabechancen in der Gesellschaft und einem Rückzug aus sozialen Zusammenhängen verbunden ist. Verschiedene Phänomene sind mit erhöhter Wahrscheinlichkeit mit Armut verknüpft, zum Beispiel Arbeitslosigkeit, eine beengte Wohnraumsituation, ein geringerer Bildungsabschluss oder Wohnen in Stadtquartieren, die als benachteiligt gelten. Damit eng verbunden ist der Lebenslagenansatz, der einen analytischen Zugang zur Lebenssituation ermöglicht, indem die individuelle Lebenslage anhand fachlicher Ableitungen aus empirischen Befunden entsprechend eingeordnet wird (Martens 2009).

Armutssensibles Wahrnehmen und Handeln auf der Basis des Lebenslagenansatzes ist mit der Herausforderung verbunden, auf bestimmte Indikatoren zu achten, die sich nicht offensichtlich erschließen, sondern von den Armutsbetroffenen aus Gründen der

Scham und eines mangelnden Selbstwertgefühls verdeckt werden. Das Kompensationshandeln durch ein bestimmtes Konsumverhalten ist ein oft genanntes Beispiel, das eine vermeintlich generelle Unfähigkeit von armutsbelasteten Menschen im Umgang mit knappen finanziellen Mitteln belegen soll. Gleichzeitig wird in der fachlichen Analyse häufig übersehen, dass das Kompensationshandeln durch Konsumieren stark mit gesellschaftlichen Leitbildern verknüpft ist und eher als Ausdruck eines Mithalten-Könnens im gesellschaftlichen Wertegefüge gesehen werden sollte. Ein solches Verhalten kann als integraler Bestandteil eines Konsumverständnisses gelten, das nicht nur in der Armutspopulation, sondern in der gesamten Bevölkerung weit verbreitet ist. Somit ist es auch nicht als verhaltensorientiertes Abgrenzungsmerkmal für armutsbetroffene Menschen gegenüber anderen Menschen geeignet. Hier wird ohne empirische Grundlage vermeintlich unvernünftiges Handeln mit Lebenslagen in Armut verknüpft.

Eine weitere Herausforderung im Rahmen armutssensiblen Handelns bildet die Notwendigkeit, bei der fachlichen Betrachtung von Armutsphänomenen zwischen Zusammenhang und Wahrscheinlichkeiten zu unterscheiden. Auch wenn bei der Betrachtung von Armut bestimmte Indikatoren mit einer erhöhten Wahrscheinlichkeit auftreten, müssen die Ursachen für die Indikatoren nicht zwangsläufig mit Armut verbunden sein. So verfügen von Armut betroffene Menschen überdurchschnittlich häufig über geringere Bildungsabschlüsse, was aber nicht heißt, dass ein Hauptschulabschluss automatisch zu Armut führt (vgl. Kuhlmann 2008). Eine solche Engführung der fachlichen Denkweise würde Menschen vorschnell in bestimmte Kategorien einteilen, was der differenzierten Realität nicht gerecht wird. Zudem würde dadurch armutsbetroffenen Menschen jegliche Form der Selbstwirksamkeit und Perspektive genommen werden.

Ein zentrales armutssensibles Argument im Umgang mit dem Lebenslagenansatz ist die Aufgabe, Armut als ein soziales Phänomen zu betrachten, das tatsächliche oder auch nur vermeintliche Probleme fokussiert. Bei einer armutssensiblen Betrachtung müssen sich Fachkräfte dabei der Gefahr bewusst sein, dass nur diese Probleme gesehen werden und armutsbetroffene Menschen ausschließlich darüber definiert werden. Armut gilt in unserer Gesellschaft als problembehaftet und bearbeitungsbedürftig. Der Blick auf von Armut betroffene Menschen ist geprägt von Mitleid bis hin zu Abneigung. Nur selten wird wahrgenommen, welche Anstrengungen Menschen mit Armutsbenachteiligung unternehmen, um ihre Lebenssituation zu sichern und zu stärken, und welche Erfolge sie dabei vorweisen können.

Zentrales Merkmal eines gelingenden armutssensiblen Wahrnehmens und Handelns ist somit ein Umgang mit Armut, der zugleich als Aufforderung an unsere reiche Gesellschaft dienen kann, dieses Phänomen und die damit verbundenen Probleme zu beseitigen. Unverzichtbar ist dabei auch, armutsbetroffenen Menschen mit Anerkennung und Respekt zu begegnen. In der Regel müssen diese Menschen unter schwierigen Bedingungen – etwa der Hartz-IV-Gesetzgebung – ihren Alltag gestalten und eine ausreichende Versorgung für sich und – wie auch die AWO-Längsschnittstudie (vgl. Holz 2008, 146) aufzeigt – für ihre Kinder sicherstellen.

Einen zentralen Mehrwert erfährt Beratung insbesondere im Kontext der Armutsproblematik, wenn ergänzend zur Lebenslagenorientierung auf die subjektive Wahrnehmung der Lebenswelt der Armutsbetroffenen eingegangen wird. Lebensweltorientierung bedeutet in diesem Zusammenhang, den Blick auf die Welt und das soziale Problem aus Sicht der Adressat/innen zu richten und nicht von außen durch Daten zur Lebenslage allein zu erklären. In einschlägigen Untersuchungen wird deutlich, dass zwar empirisch nachgewiesene Benachteiligungen bestehen, diese aber eine andere Form der Belastung im Einzelfall entfalten können, als von den Fachkräften aufgrund allgemeiner empirischer Erkenntnisse angenommen wird (Thiersch 1978/2014).

Außerdem haben allgemeine Faktoren in bestimmten Räumen oder bei einzelnen Zielgruppen ein anderes Gewicht und eine andere Bedeutung, als sie in der Gesamtsicht beschrieben werden. Armutssensibles Handeln bedeutet an dieser Stelle, die Beratung eng an der Lebensweltperspektive der Betroffenen auszurichten. Nur dann ist es möglich, den ganzheitlichen und komplexen Auswirkungen der Armutsproblematik gerecht zu werden. Im Rahmen des Lebensweltansatzes sind Fachkräfte in der Lage, die Deutungen der adressierten Personen wahrzunehmen und zu verstehen, diese als Ausgangspunkt fachlicher Wahrnehmung zu nutzen und um die fachliche Deutung zu ergänzen. Neben dem erhöhten Erkenntnisgewinn ergibt sich daraus ein weiterer Vorteil: Die Adressierten werden nicht auf die zentrale Rolle der Empfangenden (von Leistungen, Unterstützung etc.) festgelegt, sondern werden zu Produzierenden von Deutungen, die als Basis für fachliches Handeln dienen.

> Für die Fachkräfte in der Kinder- und Jugendhilfe und dem Jobcenter resultiert aus diesem Beratungsverständnis heraus die Chance, partizipative Zugänge in der Wahrnehmung, Deutung und Handlungsableitung zusammen mit den adressierten Personen zu schaffen.

Armut als methodische Herausforderung

Wie bereits herausgearbeitet wurde, können Fachkräfte auf ein Bündel an konkreten Ansätzen zurückgreifen, um armutssensibel zu denken und zu handeln. All diese Ansätze beruhen aber auf der Bedingung, dass Armutsphänomene auch als solche gedeutet werden und darüber hinaus eine Bereitschaft besteht, sich auf diese Phänomene in ihrer Komplexität einzulassen. Armut wird häufig eindimensional auf eine monetäre Dimension reduziert, in der finanzielle Benachteiligungen in den Mittelpunkt der Problematik gestellt werden. Die wichtigen Aspekte der nicht monetären Auswirkungen auf den Selbstwert oder die Haltung der von Armut Betroffenen werden dabei nicht berücksichtigt.

Eine wirksame Bekämpfung von Armut in Deutschland hängt maßgeblich von der Haltung der Professionellen ab. Diese haben einerseits überdurchschnittlich häufig mit von Armut belasteten Menschen zu tun und sind andererseits in einem gesellschaftlichen Kontext tätig, in dem Armut überwiegend in seinen Auswirkungen und nicht in seinen Ursachen betrachtet wird. Im gesellschaftlichen Verständnis ist Armut oft mit Scham und auch mit (vermeintlichem) individuellen Unvermögen der armutsbetroffenen Menschen behaftet.

Armut ist als soziales Phänomen negativ besetzt und wird vor allem mit Problemen verbunden. Die Ursachen für diese Probleme werden nicht vorrangig in gesellschaftlichen Strukturen, sondern in subjektiven Denk- und Verhaltensweisen gesehen (vgl. Jähnichen 2008, 153). Das Phänomen der Armut trifft auf eine Gesellschaft, die den Umgang mit Armut gewohnt ist und in der alle Mitglieder eine Position zu Armut und den Umgang mit ihren Auswirkungen beziehen können. Professionelle müssen sich darüber bewusst sein, dass alle Mitglieder einer Gesellschaft eine bestimmte Position zum Phänomen der Armut einnehmen, die von gesellschaftlichen Bildern und Klischees über Ursachen und Auswirkungen geprägt ist. Vorbedingung für einen fachlich angemessenen Umgang mit Armut und den davon betroffenen Menschen ist es, dass auch die Fachkräfte ihre eigene Position in Bezug auf Armut reflektieren. Aus diesen Erkenntnissen können vier zentrale Aufgaben für ein armutssensibles Wahrnehmen und Handeln abgeleitet werden:

Anerkennung der menschlichen Würde und Individualität

Oberstes fachliches Gebot ist die Anerkennung der menschlichen Würde und Individualität im Umgang mit von Armut betroffenen Menschen. Auch wenn Armut ein soziales Phänomen ist, das große Teile der Bevölkerung betrifft und ähnliche Erscheinungsweisen aufweist, ist es angemessen, bei den Ursachen und den Auswirkungen nicht von „den“ Armen generell zu sprechen, sondern jeden Fall von Armut in seinen subjektiven Auswirkungen und in seiner Einzigartigkeit und Bedeutung für den einzelnen betroffenen Menschen zu erfassen – ungeachtet aller notwendigen fachlichen und politischen Ableitungen über den Einzelfall hinaus. Eine angemessene fachliche Annäherung könnte sich auf ein Modell der unterschiedlichen Armutstypen stützen, um die verschiedenen Erfahrungshintergründe, Anlässe, Selbstverständnisse und auch Anspracheformen zu erkennen. Eine wesentliche Erkenntnis ist hier die Unterscheidung in Formen offener und verdeckter Armut und die daraus abgeleitete strategische Aufgabe, individuelle Ansätze zu entwickeln, durch die sich die Betroffenen in ihrer Spezifität angesprochen und tatsächlich unterstützt fühlen.

Selbstengagement als Ansatzpunkt der fachlichen Arbeit

Eine weitere bedeutende Ableitung für den armutssensiblen Umgang mit armutsbetroffenen Menschen bezieht sich auf die fachliche Kompetenz, trotz aller augenscheinlich oder verdeckt vorhandenen Probleme die Menschen nicht nur in ihrer Erschöpfung

(Lutz 2013, 86), ihrer Überforderung und Hilflosigkeit wahrzunehmen und nicht allein darüber zu definieren. Vielmehr ist es ein fachliches Gebot, sie nicht nur über ihre Schwächen, sondern – insbesondere vor dem Hintergrund möglicher Ängste – in Bezug auf den Erhalt ihrer Würde und ihrer Selbstwirksamkeit auch in ihren Stärken zu sehen. Diese Stärken sollten zusammen mit subjektiven Deutungen der Armutsbetroffenen zum Ausgangspunkt fachlichen Handelns werden. Für das Gelingen der fachlichen Arbeit ist es unverzichtbar, die Erwartungen und Bedürfnisse der adressierten Personen auf vielfältige Weise einzubeziehen. Das Leben in der Armutssituation ist nicht nur eine materielle, sondern auch eine soziale Herausforderung. Die Anstrengungen der Armutsbetroffenen, sich in dieser Lebenslage zu behaupten, verdient höchsten Respekt: In Armut lebende Menschen definieren sich in der Regel gerade nicht über ihren Armutszustand, sondern sie versuchen, ihren Selbstwert durch alternative Formen des Selbstengagements zu sichern. Wenn es Fachkräften der Kinder- und Jugendhilfe und des Jobcenters gelingt, diese Praktiken des Selbstengagements im Beratungssetting zu identifizieren und als Ansatzpunkte der fachlichen Arbeit zu nutzen, ist ein wichtiger Teil eines armutssensiblen Umgangs erfüllt.

Anspruchsvolle Ausgestaltung der fachlichen Handlungsmöglichkeiten

Entsprechend dem eigenen professionellen Auftrag und in Einklang mit den fachlichen Möglichkeiten zählt zu den weiteren Aufgaben eines armutssensiblen Wahrnehmens und Handelns eine realistische, aber eben auch anspruchsvolle Ausgestaltung der fachlichen Handlungsmöglichkeiten und -begrenzungen (vgl. Andresen/Galic 2015, 160). Im Rahmen einer authentischen Vermittlung der tatsächlichen Gestaltungsmöglichkeiten scheint es unabdingbar, alle Lösungsstrategien gleichermaßen umzusetzen: Armut kann nur dann wirksam bekämpft werden, wenn die oben beschriebenen Reaktionsansätze zur Unterstützung, Abmilderung, Beeinflussung – und wo möglich auch Problemlösung – von Auswirkungen der materiellen Unterversorgung und sozialen Benachteiligung kombiniert und die fachlichen Spielräume ausgereizt werden.

Gesellschaftliche und politische Einbettung des Einzelfalls

Das gesamte Gestaltungsspektrum des armutssensiblen Wahrnehmens und Handelns ist verbunden mit der Aufgabe, sich als professionelle Fachkraft des eigenen Auftrags Sozialer Arbeit zu versichern und die eigene Tätigkeit nicht als Gnadenakt, sondern als Ausdruck einer Rechtspflicht zu begreifen (vgl. Krappmann 2010, 20). Dazu gehört, bei aller Fallbezogenheit nicht den Blick auf die gesellschaftliche Einbettung des Einzelfalls zu verlieren. Die politische Dimension der sozialen Problemlagen von Armut und damit auch der politische und fachliche Auftrag Sozialer Arbeit darf nicht übersehen werden. Armutssensibles Wahrnehmen und Handeln bedeutet eben nicht nur, den fachlichen Blick auf den einzelnen Fall zu richten, sondern auch, ein Verständnis für das soziale Phänomen der Armut in einem reichen Land zu entwickeln, die Öffentlichkeit für die damit verbundenen Herausforderungen zu sensibilisieren und auf eine armutssensible

Gestaltung von gesellschaftlichen, politischen und ökonomischen Rahmenbedingungen hinzuwirken. Grundlage hierfür sind ein ausgeprägtes fachliches Selbstverständnis über die eigene Funktion in der Erkennung und Bearbeitung von Armut sowie ein gefestigtes Wissen der eigenen Möglichkeiten und Grenzen auf der Basis einer gegenüber den Adressaten sensiblen Werthaltung.

Literatur

Andresen, S./Galic, D. (2015): Kinder. Armut. Familie. Alltagsbewältigung und Wege zu wirksamer Unterstützung, Gütersloh.

Cremer, G. (2016): Armut in Deutschland. München.

Fischer, J. (2018): Armut, in: Graßhoff, G./Renker, A./Schröer, W. (Hrsg.): Soziale Arbeit – Eine elementare Einführung, Wiesbaden, S. 83–94.

Fischer, J. (2019): Netzwerkorientiertes Handeln in der kommunalen Bildungs- und Sozialpolitik, in: Fischer, J./Kosellek, T. (Hrsg.): Netzwerke und Soziale Arbeit, Weinheim, S. 461–475.

Heiner, M. (2004): Professionalität in der Sozialen Arbeit, Stuttgart.

Holz, G. (2008): Kinderarmut – Eine komplexe Herausforderung für staatliches Handeln, in: WSI Mitteilungen, Heft 3, S. 145–150.

Jähnichen, T. (2008): Der Wert der Armut. Der sozialethische Diskurs, in: Huster, E.-U./ Boeckh, J./Mogge-Grotjahn, H. (Hrsg.): Handbuch Armut und soziale Ausgrenzung, Wiesbaden, S. 151–165.

Krappmann, L. (2010): Kinderarmut – Menschenrechtspolitik und Sozialforschung, in: Fischer, J./Merten, R. (Hrsg.): Armut und soziale Ausgrenzung von Kindern und Jugendlichen. Problembestimmungen und Interventionsansätze, Baltmannsweiler, S. 11–24.

Kuhlmann, C. (2008): Bildungsarmut und die soziale „Vererbung" von Ungleichheiten, in: Huster, E.-U./Boeckh, J./Mogge-Grotjahn, H. (Hrsg.): Handbuch Armut und soziale Ausgrenzung, Wiesbaden, S. 301–319.

Lampert, A. (2018): Beratung in der Sozialen Arbeit, in: Braches-Chyrek, R./Fischer, J. (Hrsg.): Handlungsmethoden der Sozialen Arbeit, Baltmannsweiler, S. 125–152.

Lutz, R. (2013): Verwundbarkeit und Erschöpfung. Konsequenzen für die Armutsberichterstattung, in: Sozialmagazin, 38. Jg., Heft 3–4, S. 82–89.

Martens, R. (2009): Erster Armutsatlas für Regionen in Deutschland, Berlin.

Mummert, L./Gintzel, U. (2010): Kommunale Handlungsoptionen im Kontext von Kinderarmut, in: Lutz, R./Hammer, V. (Hrsg.): Wege aus der Kinderarmut. Gesellschaftspolitische Rahmenbedingungen und sozialpädagogische Handlungsansätze, Weinheim, S. 129–141.

Thiersch, H. (2014): Lebensweltorientierte Soziale Arbeit. Aufgaben der Praxis im sozialen Wandel, 9. Aufl., Weinheim (1. Aufl. 1978).

Reiner Prölß, Thomas Rinklake

Das Nürnberger Arbeitsprogramm gegen Kinder- und Jugendarmut

Kinder und Jugendliche sind – auch in Nürnberg – nach wie vor überdurchschnittlich oft von Armut betroffen. Das Nürnberger Arbeitsprogramm gegen Kinder- und Jugendarmut versucht, den kommunalen Handlungsspielraum zur Prävention und Bekämpfung von Armut zu systematisieren und auszuschöpfen.

Hintergrund

Die grundsätzlichen Befunde sind bekannt. Daher wollen wir nur zwei Aspekte festhalten: (1) Kinder und Jugendliche sind überdurchschnittlich oft von Armut betroffen oder bedroht (WSI 2017; Prölß/Rinklake 2018; Gottwald/Zelch 2019) und (2) Kinder- und Jugendarmut droht sich häufig zu einem dauerhaften Problem zu verfestigten (Tophoven u.a. 2017, 35 ff.).

Frühzeitiges Engagement ist wichtig, um dauerhafte Armut zu vermeiden. In Nürnberg gibt es bereits seit 2008 ein Arbeitsprogramm gegen Kinderarmut, das 2017/2018 reflektiert und zu einem Arbeitsprogramm gegen Kinder- und Jugendarmut weiterentwickelt wurde.

Kommunale Handlungspielräume

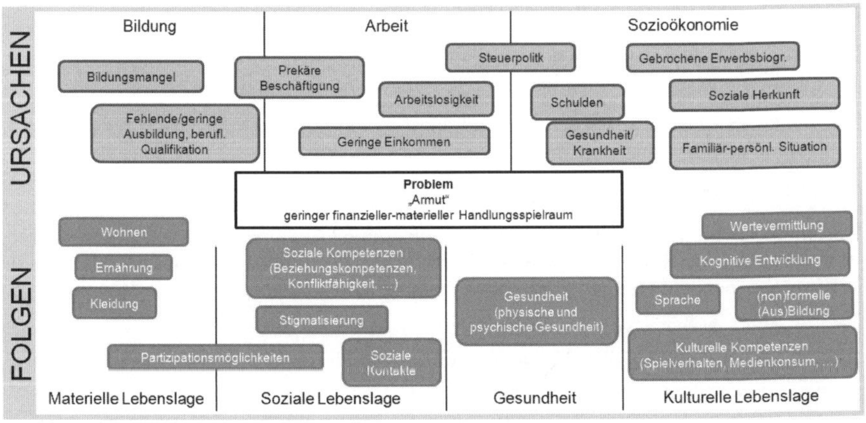

Abb. 1: Schematischer Problem-Ursachen-Folgen-Komplex von Armut (eigene Darstellung)

Um Probleme dauerhaft zu lösen, müssen Ursachen bekämpft werden. Was trivial klingt, ist zu Ende gedacht kompliziert. Armut ist mehr als monetärer und materieller Mangel: Soziale, kulturelle und gesundheitliche Lebenslagen müssen in den Blick genommen werden. Um zielgerichtet ansetzen und kommunale Spielräume bei Lösungen möglichst ausschöpfen zu können, ist eine Unterscheidung von Ursachen und Folgen nötig (vgl. Abb. 1).

Bei der Analyse wird deutlich, dass verschiedene Adressaten angesprochen sind. Armutsprävention bleibt eine politische Querschnittsaufgabe von Bund, Ländern und Kommunen, die vor allem die Steuer-, Arbeitsmarkt-, Familien-, Sozial- und Bildungspolitik berührt. Jedoch wächst der Druck auf die Kommunen, da sie Folgen der Armutsentwicklung und verfehlter Politiken auffangen müssen, was auch zu finanziellen Belastungen führt. Gleichzeitig gibt es gerade im Hinblick auf die Armutsursachen nur einen geringen kommunalen Handlungsspielraum. Zwar kann auch die Kommune wichtige Beiträge leisten (z.B. Bildung und Qualifikation), doch zentrale Ursachen liegen nicht im kommunalen Einfluss (z.B. Höhe der Markteinkommen, Tarifbindung, private Überschuldungen, persönliche Krisen, Krankheitsfälle/Unfälle, soziale Herkunft etc.). Auch in Fragen der Grenzbelastungen im Steuer- und Abgabensystem stecken massive Ungerechtigkeits- und Armutspotenziale (Peichl u.a. 2017). Hier ist der Bund gefragt. Diese Bereiche werden in der Debatte bisher zu wenig in den Blick genommen.

Reiner Prölß
ist berufsmäßiger Stadtrat und Referent für Jugend, Familie und Soziales der Stadt Nürnberg. E-Mail: Reiner.Proelss@stadt.nuernberg.de

Thomas Rinklake
ist wissenschaftlicher Mitarbeiter im Referat für Jugend, Familie und Soziales der Stadt Nürnberg und zuständig für Sozialplanung. E-Mail: thomas.rinklake@stadt.nuernberg.de

Großen Spielraum hat die Kommune bei der Bekämpfung von Armutsfolgen. Die Kommune steht besonders in der Verantwortung, Betroffenen Teilhabe zu ermöglichen. Dies ist kommunale Kernkompetenz: Die Kommune informiert über rechtliche Leistungsansprüche, schafft kostenfreie/-günstige Teilhabeangebote, informiert über Angebote, kümmert sich um Vernetzung, akquiriert und gibt Mittel für Projekte, unterstützt monetär, um Zugänge zu ermöglichen.

Das Nürnberger Arbeitsprogramm

Ausgehend von den Überlegungen zu Ursachen und Folgen setzt das Nürnberger Arbeitsprogramm dort an, wo Kinder in unterschiedlichen Lebenslagen benachteiligt werden (können).[1] Das Programm fasst zusammen, was im Geschäftsbereich Jugend,

1 Ein ausführlicher Bericht im Jugendhilfeausschuss kann im Nürnberger Ratsinformationssystem eingesehen werden: https://online-service2.nuernberg.de/buergerinfo/getfile.asp?id=601847&type=do (14. März 2018).

Familie und Soziales der Stadt Nürnberg im Sinne der Armutsbekämpfung/-prävention für junge Menschen und ihre Familien getan werden soll und kann. Vielfältige Aktivitäten, die die Kommune plant, initiiert, durchführt oder von externen Partnern im Auftrag durchführen lässt, sind Teil des Programms. Vor allem gehören auch die kommunalen Regelstrukturen der Kinder- und Jugendhilfe dazu.

Das Arbeitsprogramm erhebt keinen Anspruch auf Vollständigkeit, sondern möchte in neun Handlungsfeldern zentrale Aktivitäten bündeln, strukturieren und weiterentwickeln. Als eine Neuerung werden je Handlungsfeld Leitaktivitäten benannt. Diese aktuell 29 Leitaktivitäten sollen einen besonderen Beitrag im Sinne ihrer Wirkung, Reichweite, Ursachenbekämpfung und Innovation liefern. Sie sind Ausgangspunkt einer intensivierten Auseinandersetzung mit Schwerpunkten der kommunalen Armutsprävention und -bekämpfung der nächsten Jahre. Dabei muss es sich nicht zwingend um neue Aktivitäten und weitere „Leuchttürme" handeln. Vielmehr soll der Fokus auch auf die Weiterentwicklung von Regelangeboten sowie die Verstetigung angestoßener erfolgreicher Entwicklungen gerichtet werden. Ergänzt werden die Leitaktivitäten durch aktuell gut 60 weitere laufende kleinere und größere Maßnahmen. In Tabelle 1 werden die Handlungsfelder kurz erläutert und die aktuellen Leitaktivitäten zumindest benannt.

Handlungsfeld	Kurzbeschreibung
(1) Eltern Wege in Arbeit und Ausbildung eröffnen	Unterstützung der Arbeitsmarktintegration von Eltern, um die finanzielle Versorgung von Kindern und Jugendlichen zu sichern. Leitaktivitäten: • Kita-Ausbau bis 2026 • Verstetigung/Roll-Out Modellprojekt „Perspektiven für Familien" • Ausbau beruflicher Förderaktivitäten für Alleinerziehende
(2) Familien beim Erziehungsauftrag begleiten	Familien unterstützen, die durch Armutsfolgen auch in Erziehungsfragen überfordert sind. Leitaktivitäten: • Stärkung von Patenschaftsmodellen • Armutssensible Weiterentwicklung der Angebote der Eltern- und Familienbildung
(3) Familien in Krisensituationen auffangen	Krisen wie Krankheiten, Unfälle, Trennungen etc. können Familien in armutsbedingte Notlagen werfen. Leitaktivitäten: • Angebote für Kinder suchtkranker Eltern schaffen • Angebote für psychisch kranke Eltern/Patenschaften für Kinder seelisch erkrankter Eltern • Sozialpädagogisch begleitete Peer-Beratung benachteiligter Eltern im Südstadtforum • Beratung bei Energieschulden

Handlungsfeld	Kurzbeschreibung
(4) Gesundes Aufwachsen ermöglichen	Armutslagen erhöhen die Wahrscheinlichkeit für gesundheitliche Benachteiligungen. Leitaktivitäten: • Festigung/Ausbau bestehender Gesundheitsangebote • Einführung der zentralen Essensversorgung für städtische Kindertageseinrichtungen • Stärkung der Gesundheitsbildung im Bereich der Offenen Kinder- und Jugendarbeit
(5) Soziale und kulturelle Teilhabe junger Menschen sichern	Soziale und kulturelle Teilhabe als Wirkungsbereiche von Armutsfolgen. Leitaktivitäten: • Festigung/Ausbau bestehender Teilhabeangebote • Optimierung des Bildungs- und Teilhabegesetzes (BuT) • Ausbau Offene Kinder- und Jugendarbeit nach sozialer Indikation
(6) Bildungswege junger Menschen begleiten	Bildung ist sowohl auf der Ursachen- als auch auf der Folgenseite von Armut zu verorten. Hier gibt es somit auch einen gewissen ursächlichen Handlungsspielraum. Leitaktivitäten: • Qualitative Weiterentwicklung der Kindertagesbetreuung • JaS-Ausbau nach sozialer Indikation
(7) Übergänge zwischen Schule, Ausbildung und Beruf unterstützen	Am Übergang zwischen Schule, Ausbildung und Beruf finden Weichenstellungen auch für die Vermeidung von Armut statt. Leitaktivitäten: • Fortführung ESF-Modellprogramm „Jugend stärken im Quartier" • Aufbau einer Jugendberufsagentur • Umgang mit Schulverweigerern
(8) Chancen im Stadtteil eröffnen	Armut wird im Stadtteil sichtbar. Förderliche Strukturen werden benannt und armutspräventive Maßnahmen im Sinne eines sozialräumlichen Konzeptes abgestimmt. Leitaktivitäten: • Einbindung in lokale Netzwerkarbeit • Erstellung von Stadtteilkonzepten • Zugangswege über lokale Einrichtungen ausbauen • Lern- und Bildungslandschaft junger Menschen im Nürnberger Westen

Handlungsfeld	Kurzbeschreibung
(9) Besser handeln durch mehr Wissen	Sensibilisierung zu Armut und Armutsfolgen als Daueraufgabe. Leitaktivitäten: • Fortbildung „Armutssensibles Handeln" • Informations-/Vortragsangebote • Dialog mit Berufsschulen, Fachakademien, Hochschulen • Veranstaltungen, Konferenzen, Fachtage • Statistik-Monitoring

Tab. 1: Handlungsfelder und Leitaktivitäten

Der Nutzen des Arbeitsprogramms liegt in einer pragmatischen Systematisierung und Kanalisierung kommunaler Bemühungen, die verschiedene Zielgruppen in den Blick nehmen (Kinder, Jugendliche und Eltern) und den armutspräventiven Beitrag der Regelstrukturen fokussieren. Die Umsetzung erfolgt in Kooperation zwischen dem Referat für Jugend, Familie und Soziales, dem Jugend- und dem Sozialamt. Weitere zentrale Partner sind das Nürnberger Netz gegen Armut als Vertretung freigemeinnütziger Partner und die Stadtteilkoordination als Kooperationspartner in einigen Stadtteilen. Zur Begleitung der Umsetzung gibt es auf Ebene der Leitaktivitäten eine jährliche Aktualisierung nächster Schritte und Zielgrößen und vierteljährliche Teamsitzungen.

Mit dem Arbeitsprogramm leistet die Stadt Nürnberg ihren Beitrag zur Bekämpfung eines sozialpolitisch drängenden Problems. Zugespitzt könnte man kritisieren, dass das nur die Bekämpfung von Symptomen sei und das eigentliche Problem nicht gelöst werde. Ganz falsch ist ein solcher Gedanke nicht. Doch was folgt daraus für die Kommune? Nichts. Denn es muss ja darauf ankommen, die eigenen Spielräume auszunutzen, und die sind auf kommunaler Ebene nun einmal weniger aufseiten der Ursachen, sondern vor allem auf der Folgenseite zu finden.

Literatur

Gottwald, M./Zelch, C. (2019): Armut – Gesundheit – Kinder- und Jugendarbeit: Empirische Befunde und Handlungsauftrag, in: Kammerer, B. (Hrsg.): Alles fit? – Chancen für ein gesundes Aufwachsen von jungen Menschen in der Kinder- und Jugendarbeit, Nürnberg, S. 245–264.

Peichl, A./Buhlmann, F./Löffler, M. (2017): Grenzbelastungen im Steuer-, Abgaben- und Transfersystem. Studie im Auftrag der Bertelsmann Stiftung. Gütersloh.

Prölß, R./Rinklake, T. (2018): Armut und Armutsgefährdung vor Ort, in: NDV 9/2018, S. 447–452.

Tophoven, S./Lietzmann, T./Reiter, S./Wenzig, C. (2017): Armutsmuster in Kindheit und Jugend. Längsschnittbetrachtungen von Kinderarmut, Gütersloh.

WSI – Wirtschaft- und Sozialwissenschaftliches Institut (2017): Kinder im SGB II-Bezug. Policy Brief Nr. 15, 10/2017.

Dolf Mehring

Die kommunale Präventionskette gegen Kinderarmut in Bochum

In diesem Beitrag wird dargestellt, wie in Bochum das Konzept einer sozialräumlichen Orientierung der Jugendhilfe eingeführt und sukzessive ausgebaut wurde. Durch die sozialräumlich angelegte Präventionskette kann Armutsrisiken wirksam begegnet werden.

Das Projekt „Kein Kind zurücklassen – KEKIZ"

Im Jahr 2011 sorgte in Nordrhein-Westfalen (NRW) ein Gutachten der Prognos AG mit dem Titel „Soziale Prävention – Bilanzierung der sozialen Folgekosten in Nordrhein-Westfalen" für Aufsehen, das im Auftrag der Staatskanzlei des Landes NRW erstellt worden war. Ausgangspunkt der Studie war die Frage, „in welchem Umfang sich die Ausgaben der öffentlichen Hand einsparen ließen, wenn im Kindes- und Jugendbereich präventive Ansätze deutlich gestärkt würden" (Prognos AG 2011, 1). Zutreffend wurde beschrieben, dass die Zahlungen von Sozialleistungen ihren Ursprung in individuellen und gesellschaftlichen Benachteiligungen haben. Als These wurde formuliert, dass in der Jugendhilfe ein Teil der Inobhutnahmen oder der Heimunterbringungen durch frühzeitige aufsuchende Elternkontakte und präventive Hilfestellungen vermieden werden könnte. Auch die Folgekosten einer gescheiterten Schulkarriere flossen in die Studie ein, um die nachfolgende These mit Zahlen zu hinterlegen:

> „Statt eine prekäre Erwerbsbiografie mit Arbeitslosengeld II und anderen Sozialleistungen abzusichern, ließen sich diese Folgekosten durch eine bessere Förderung der betroffenen Schüler(innen) reduzieren" (Prognos AG 2011, 1).

Die Studie machte die Kommunen als diejenigen aus, die die höchste finanzielle Last tragen. Das war für die Profis in der Jugendhilfe keine wirkliche Überraschung – für die politischen Akteure aber offensichtlich schon. Die Prognos AG benannte in der Jugendbilanz ein jährliches Einsparpotenzial von 2,5 Mrd. € allein in NRW – davon 50 % familienersetzende Leistungen der Jugendhilfe (Heimunterbringungen, Vollzeitpflege und intensive sozialpädagogische Betreuung) (Prognos AG 2011, 7). Die damalige rot-grüne Landesregierung nahm diese Studie im Jahr 2012 zum Anlass, um das Projekt „Kein Kind zurücklassen – KEKIZ" mit 18 Modellkommunen auf den Weg zu bringen. Das Jugendamt der Stadt Bochum hatte sich um die Teilnahme an diesem Projekt beworben, weil es bereits seit 2001 mit dem Umbau der erzieherischen Hilfen begonnen hatte, bei dem die Prävention stark betont und zielgerichtet sowie systematisch ausgebaut wurde. Die Bochumer Bewerbung blieb jedoch zunächst unberücksichtigt.

Präventiv ausgerichtete Jugendhilfe

Die in Bochum bereits gewonnene Erfahrung, dass die präventive Arbeit in der Jugendhilfe den Projektcharakter überwinden und ihren Auftrag aus dem Gesetz herleiten muss, wäre für das Gelingen des Landesprojektes durchaus von Vorteil gewesen. Denn eine systematisch präventiv ausgerichtete Jugendhilfe muss den Reflexen der Kommunalpolitik im Jugendhilfebereich widerstehen, einen Flickenteppich zeitlich begrenzter Alibi-Projekte zu installieren, um kurzfristige Einsparungen zu erzielen. Systematische Präventionsarbeit bringt keine kurzfristigen Erfolge! Im Gegenteil werden zunächst viele Defizite und Probleme erkannt, die bisher unbeachtet und damit unbearbeitet blieben. Das zieht entsprechende finanzielle Effekte nach sich, die Finanzverantwortliche nicht freudig stimmen. Es ist leider eine bittere Tatsache, dass eine restriktive, lediglich nachsorgend agierende Jugendhilfe, allein unter Kostengesichtspunkten betrachtet, durchaus „glänzen" kann. Die gesellschaftlichen Folgelasten in der Zukunft zahlen dann – und das wird in der sektoralen Betrachtung der Finanzen immer wieder ausgeblendet – andere. Deshalb wurden in der Prognos-Studie auch richtigerweise die gesamten sozialen Folgekosten einer nachsorgenden Jugendhilfe und mangelhaften schulischen Begleitung für NRW bilanziert, die sich am Arbeitsmarkt, in der Justiz, im Gesundheitswesen usw. ergeben:

Dolf Mehring,
Dipl.-Sozialpädagoge und Kommunaldiplom-Inhaber (VWA), war bis 2018 Leiter des Jugendamtes Bochum.

> Prävention bringt eine gesamtgesellschaftliche Rendite und schlägt sich eben nicht unmittelbar in einzelnen kommunalen Haushaltspositionen der Jugendhilfe nieder. Das macht es auf der kommunalen Ebene so schwer, sich für eine grundlegend präventive Ausrichtung der Jugendhilfe einzusetzen.

Leitmotiv dafür kann deshalb nur der gesetzliche Auftrag der Jugendhilfe sein, der in § 1 Achtes Buch Sozialgesetzbuch (SGB VIII) ausgeführt ist: Jugendhilfe hat das gesetzlich verankerte Ziel, junge Menschen in ihrer individuellen und sozialen Entwicklung zu fördern und dazu beizutragen, Benachteiligungen zu vermeiden und abzubauen. Eine weitere wesentliche inhaltliche Zielrichtung und Aufgabe der Prävention ist ebenfalls bereits im SGB VIII verankert: Jugendhilfe soll dazu beitragen, positive Lebensbedingungen für junge Menschen zu schaffen (§ 1 Abs. 3, 4).

Sozialräumliche Präventionsarbeit in Bochum

Um diese inhaltlichen Ziele für die Praxis zu konkretisieren, wurde im Oktober 2002 mit einem Ratsbeschluss flächendeckend das Konzept der „sozialräumlichen Orientierung der Jugendhilfe" in Bochum eingeführt und sukzessive ausgebaut. In allen Stadtteilen und definierten Sozialräumen werden seit dieser Zeit verbindlich Sozialraumkonferenzen durchgeführt. Die vor Ort professionell tätigen Fachkräfte der Jugendhilfe können sich dort mit Lehrkräften der Schulen über präventive Maßnahmen verständigen und konkrete Probleme aufgreifen. Um die Flexibilität sicherzustellen, werden für zeitlich befristete präventive Maßnahmen pro Jahr 100.000 € zur Verfügung gestellt. Diese Maßnahmen werden bedarfsgerecht durch die Sozialraumkonferenzen entwickelt und möglichst kooperativ umgesetzt.

Die ambulanten Hilfen zur Erziehung wurden ab 2006 ebenfalls stark sozialräumlich ausgerichtet. Neben den klassisch agierenden ambulanten Hilfeträgern wurden Ambulante Jugendhilfezentren (AJHZ) in freier Trägerschaft in den sechs Stadtbezirken Bochums angesiedelt. Deren Angebote orientieren sich an der bereits in den Sozialräumen vorhandenen Infrastruktur, immer mit dem Ziel, einzelfallorientierte Hilfsangebote so auszurichten, dass die Adressat/innen nach Beendigung der Leistung über tragfähige Kontakte im Sozialraum verfügen (Kita, Sportvereine, Jugendverbände usw.). Da gerade in von Armut betroffenen Stadtteilen Angebote fehlen, wurden diese über die Sozialraumkonferenzen angeregt und geschaffen.

Jedes AJHZ verfügt über ein Budget für „fallunspezifische Hilfen" in den Sozialräumen. Dieses wird inhaltlich über die Sozialraumkonferenzen gesteuert. Ein besonderer Schwerpunkt liegt auf der Bekämpfung von Armut und widrigen Lebensbedingungen in Familien, die besonders von Kitas und Schulen festgestellt werden. Die pädagogischen Fachkräfte der AJHZ sollen dort mit gezielten Maßnahmen intervenieren. So unterstützen Mitarbeiter/innen der AJHZ Schulsozialarbeiter/innen bei der Arbeit vor Ort, um in weiteren Bochumer Schulen sogenannte „Familienklassen" anbieten zu können, in denen der Aspekt der Hilfe zur Selbsthilfe im Vordergrund steht (vgl. Stichwort Familienklasse unter www.bochum.de).

Die Präventionskette gegen Kinderarmut

Bei der Weiterentwicklung der sozialräumlich angelegten Präventionsarbeit wurde deutlich, dass es wichtig ist, eine Präventionskette aufzubauen, die sich auf die „Brüche und Gefährdungen" in der Biografie von Kindern und Jugendlichen fokussiert, z.B. Schutz vor Schwangerschaftsrisiken, Übergang Kita – Grundschule, Übergang in weiterführende Schulen, Eintritt ins Berufsleben und Schutz vor Armutsrisiken. Diese Erkenntnis deckte sich mit der Begleitforschung „Kein Kind zurücklassen", mit der die „Präventionskette" in den Mittelpunkt des Projektes KEKIZ gerückt wurde: „Die Präventionskette ist biographisch, entlang der Lebensphase eines Kindes angelegt (von der Geburt bis zum Übergang in den Beruf)" (Görtz/Jansen 2014, 2).

Mit den in Bochum gewonnenen Erfahrungen ist diese Definition allerdings unzureichend und unvollständig: Sie blendet Armutsrisiken und das Lebensumfeld des Kindes aus, dabei prägen diese entscheidend die Biografie. Auch die Zielsetzung ist nebulös und bedarf einer aus dem SGB VIII hergeleiteten Definition. Richtigerweise müsste sie lauten:

> Die Präventionskette ist biografisch und sozialräumlich mit dem Ziel der Verbesserung der Lebensbedingungen von Kindern angelegt. Sie berücksichtigt sowohl die Lebensphasen eines Kindes (von der Geburt bis zum Übergang in den Beruf) als auch Lebensbedingungen in den Sozialräumen.

Mit dieser Definition wird klar: Kinderarmut ist ein wesentliches Thema der präventiv ausgerichteten Jugendhilfe. Das „Begrüßungsteam" heißt Neugeborene in der Stadt willkommen und vermittelt niedrigschwellig angelegte Kurse der Familienbildung in Stadtteilen und besonders belasteten Wohnquartieren. Flankierend zur Arbeit in den Tageseinrichtungen wird die Kita-Sozialarbeit an der Schnittstelle zum Jobcenter tätig, um Familien darin zu unterstützen, aus der Armutsfalle zu kommen. So früh wie möglich intervenieren – und sei es nur in Form einer Begleitung in das Jobcenter – ist der wirksamste Schutz vor der existenziellen Bedrohung der Lebensbedingungen. Deren Folgen spüren immer die schwächsten Glieder der Familien: die Kinder (vgl. Stichwort Kita-Sozialarbeit unter www.bochum.de). Auch die gut ausgebauten Sektoren der Schulsozialarbeit und „Bildung und Teilhabe" wurden in Bochum aus diesem Grund im Jugendamt angedockt (Jahresbericht 2017, 61 ff., 81 ff.).

Die sozialräumlich angelegte Präventionskette hat in Bochum einen erheblichen Beitrag dazu geleistet, in einzelnen Stadtteilen Armutsinseln wirksam zu begegnen oder sie gar nicht erst entstehen zu lassen. Die Kosten der Jugendhilfe sind nicht ausgeufert und die Stadt hat in ihrer Gesamtentwicklung profitiert. Nach 15 Jahren systematischer Präventionsarbeit ergaben sich erstmals auch finanzielle Effekte in der Jugendhilfe, die sich im Gegensatz zum o.g. Gutachten der Prognos AG nicht an rückläufigen Bedarfen von stationären, sondern von ambulanten Hilfen zur Erziehung festmachen ließen.

> Der wesentliche Erfolg der systematischen Präventionsarbeit aber ist, dass die Bekämpfung der Kinderarmut nun im Fokus der Jugendhilfe steht.

Literatur

Görtz, R. v./Jansen, K. (2014): Begleitforschung „Kein Kind zurücklassen", in: Bertelsmann Stiftung (Hrsg.): Analysen und Konzepte, Ausgabe 1/2014.

Jahresbericht der Kinder- und Jugendhilfe (2017), abrufbar unter: www.bochum.de.

Prognos AG (2011): Gutachten Soziale Prävention, Basel.

Die Fachzeitschrift „**Archiv für Wissenschaft und Praxis der sozialen Arbeit**" erscheint vierteljährlich als in sich geschlossene Themenhefte. Folgende Ausgaben können Sie noch bestellen:

- ❑ 2/2019: Soziale Arbeit in der digitalen Transformation
- ❑ 1/2019: Das Bundesteilhabegesetz zwischen Anspruch und Umsetzung
- ❑ 4/2018: Existenzminimum oder Teilhabe? Weiterentwicklung des Sozialhilfesystems
- ❑ 3/2018: Wirkungsorientierung in der Sozialen Arbeit
- ❑ 2/2018: Vielfalt und Zusammenhalt: Herausforderungen für die Soziale Arbeit
- ❑ 1/2018: Kinder- und Jugendhilfe: Impulse für den weiteren Reformprozess
- ❑ 4/2017: Menschen mit psychischen Erkrankungen: Ausschluss oder Teilhabe?
- ❑ 3/2017: Umsetzung der Pflegereform vor Ort
- ❑ 2/2017: Strategien gegen Altersarmut
- ❑ 1/2017: Kommunale Sozialplanung vor neuen Aufgaben
- ❑ 4/2016: Langzeitarbeitslosigkeit: Auswege aus der Sackgasse
- ❑ 3/2016: Qualität in der Kindertagesbetreuung: ein Zwischenzeugnis
- ❑ 2/2016: Vereinbarkeit von Beruf, Familie und Pflege – eine Frage der Zeit?
- ❑ 1/2016: Neue Ansätze in der Suchthilfe
- ❑ 4/2015: Grenzen überwinden: Perspektiven für die Integration Geflüchteter
- ❑ 3/2015: Wie gelingt der Übergang Schule – Beruf?
- ❑ 2/2015: Mediatisierung der Kinder- und Jugendhilfe
- ❑ 1/2015: Was brauchen Menschen mit Demenz?
- ❑ 4/2014: Beratung im Jobcenter
- ❑ 3/2014: Neuordnung der Leistungen für Menschen mit Behinderung
- ❑ 2/2014: Partizipation in der sozialen Arbeit: Alibi oder Empowerment?
- ❑ 1/2014: Profil und Position der Schulsozialarbeit
- ❑ 4/2013: Häusliche Gewalt gegen Frauen: Lücken im Hilfesystem
- ❑ 3/2013: Inklusion in der Diskussion *(vergriffen)*
- ❑ 2/2013: Die Zukunft der freien Wohlfahrtspflege
- ❑ 1/2013: Wohnungslosenhilfe vor neuen Herausforderungen
- ❑ 4/2012: Soziale Berufe zwischen Fachkräftemangel und Akademisierung
- ❑ 3/2012: Häusliche Pflege: Arrangements und innovative Ansätze
- ❑ 2/2012: Wege aus dem Bildungsdilemma
- ❑ 1/2012: Diversity Management und soziale Arbeit
- ❑ 4/2011: Aktuelle Entwicklungen in der Schuldnerberatung
- ❑ 3/2011: Neue Technologien im Gesundheits- und Pflegebereich
- ❑ 2/2011: Lebenslage Alleinerziehend – wo ist das Problem?
- ❑ 1/2011: Was bringt das Kinderbildungspaket? *(vergriffen)*
- ❑ 4/2010: Diagnose und Diagnostik in der sozialen Arbeit *(vergriffen)*
- ❑ 3/2010: Eingliederungshilfe und Pflege: aktuelle Anstöße und Ansätze
- ❑ 2/2010: Die Kategorie "Geschlecht" in der Kinder- und Jugendhilfe
- ❑ 1/2010: Leistungen für Unterkunft und Heizung – was ist angemessen?
- ❑ 4/2009: Armut und soziale Ausgrenzung
- ❑ 3/2009: Wohin treibt die Sozialwirtschaft? Ordnung, Steuerung, Perspektiven
- ❑ 2/2009: Familienpolitik auf dem Prüfstand
- ❑ 1/2009: Ein Jahr Rechtsanspruch auf Persönliche Budgets

Vorankündigung

Liebe Leserinnen und Leser,

die nächste Ausgabe des „Archivs für Wissenschaft und Praxis der sozialen Arbeit" erscheint im November 2019. Sie hat zum Thema:

Gesellschaftliche Teilhabe in ländlichen Räumen

In diesem Heft werden Problemlagen ländlicher Räume und ihre Herausforderungen für die Soziale Arbeit dargestellt. Aktuell diskutierte Lösungen – insbesondere digitale – werden bewertet und Beispiele gelingender Praxis vorgestellt.

Die Einzelhefte kosten 14,50 €, für Mitglieder des Deutschen Vereins 10,70 €. Mit einem Jahresabo erhalten Sie vier Ausgaben zum Preis von 42,70 € bzw. 25,90 € als Mitglied – inklusive eines kostenloses Zugangs zur digitalen Version. Für Bibliotheken und andere Institutionen bieten wir ein kostengünstiges digitales Abonnement über Preselect.media GmbH.

Wenden Sie sich an unseren Mitglieder- und Abonnentenservice:

Sandra Redlich, Tel. 030 62980-502, E-Mail: redlich@deutscher-verein.de